Tadeu Aparecido Malaquias

INTRODUÇÃO AO FOLCLORE MUSICAL:
perspectivas e abordagens

Rua Clara Vendramin, 58 . Mossunguê
CEP 81200-170 . Curitiba . PR . Brasil
Fone: (41) 2106-4170
www.intersaberes.com
editora@intersaberes.com

Conselho editorial
Dr. Alexandre Coutinho Pagliarini
Dr.ª Elena Godoy
Dr. Neri dos Santos
Dr. Ulf Gregor Baranow

Editora-chefe
Lindsay Azambuja

Gerente editorial
Ariadne Nunes Wenger

Assistente editorial
Daniela Viroli Pereira Pinto

Preparação de originais
Tiago Krelling Marinaska

Edição de texto
Guilherme Conde Moura Pereira
Floresval Nunes Moreira Junior

Capa e projeto gráfico
Charles L. da Silva (*design*)
TOMAS GRAHAM/Shutterstock
(imagem de capa)

Diagramação
Estúdio Nótua

Equipe de *design*
Charles L. da Silva
Sílvio Gabriel Spannenberg

Iconografia
Regina Claudia Cruz Prestes

Dados Internacionais de Catalogação na Publicação (CIP)
(Câmara Brasileira do Livro, SP, Brasil)

Malaquias, Tadeu Aparecido
   Introdução ao folclore musical: perspectivas e abordagens/
Tadeu Aparecido Malaquias. Curitiba: InterSaberes, 2020.
(Série Trajetória da Música)

   Bibliografia.
   ISBN 978-65-5517-651-3

   1. Folclore - Brasil 2. Música folclórica - Brasil 3. Música
folclórica - Brasil - História I. Título. II. Série.

20-37067   CDD-782.421620981

Índices para catálogo sistemático:
   1. Música folclórica 782.421620981
            Cibele Maria Dias – Bibliotecária – CRB-8/9427

1ª edição, 2020.

Foi feito o depósito legal.

Informamos que é de inteira responsabilidade do autor a emissão de conceitos.

Nenhuma parte desta publicação poderá ser reproduzida por qualquer meio ou forma sem a prévia autorização da Editora InterSaberes.

A violação dos direitos autorais é crime estabelecido na Lei n. 9.610/1998 e punido pelo art. 184 do Código Penal.

SUMÁRIO

6 Agradecimentos
8 Prefácio
11 Apresentação
15 Como aproveitar ao máximo este livro

Capítulo 1
20 O FOLCLORE

21 1.1 O folclore: conceitos-chave
29 1.2 As manifestações folclóricas
36 1.3 As relações entre o folclore e os contextos sociais
40 1.4 As relações entre o folclore e a música
49 1.5 Folclore musical: abordagem metodológica da disciplina

Capítulo 2
59 A música e os mitos: os sons como expressão popular

60 2.1 A paisagem sonora e os "sons dos deuses"
66 2.2 A Grécia Antiga e a música de Apolo e Dionísio
72 2.3 O sagrado e o profano: a Idade Média e a cisão musical ocidental

78   2.4 O romantismo europeu: o nascimento do folclore
84   2.5 O romantismo e a influência na música folclórica brasileira

Capítulo 3
96   **Folclore, cultura e política na história do Brasil**

97   3.1 A formação cultural musical no período colonial
104   3.2 A formação cultural musical no período imperial
112   3.3 A formação cultural musical no período republicano
116   3.4 O nacionalismo brasileiro
122   3.5 Cisão entre a música urbana e a música rural no Brasil

Capítulo 4
132   **Folclore, música e ditaduras: a cooptação das manifestações populares**

133   4.1 Música, folclore e nacionalismo brasileiro no início do século XX
137   4.2 Getúlio Vargas, Villa-Lobos e o ideal civilizacional por meio da música
141   4.3 O canto orfeônico e a cooptação do folclore musical
147   4.4 A queda do governo getulista
150   4.5 Década de 1960 e ditadura civil-militar

Capítulo 5
162 O folclore nas regiões brasileiras

164 5.1 O folclore na Região Norte
170 5.2 O folclore na Região Nordeste
177 5.3 O folclore na Região Centro-Oeste
181 5.4 O folclore na Região Sudeste
186 5.5 O folclore na Região Sul

Capítulo 6
199 Folclore e o século XXI

200 6.1 Folclore e tradição hoje
207 6.2 Folclore e identidades contemporâneas
211 6.3 Persistência das manifestações folclóricas
216 6.4 O papel da música folclórica na escola
223 6.5 Folclore, educação e políticas públicas

237 Fecham-se as cortinas
241 Lista de siglas
242 Referências
257 Álbuns comentados
264 Anexos – Partituras
270 Respostas
273 Sobre o autor

AGRADECIMENTOS

Agradeço à Editora InterSaberes pelo convite e pela confiança para a elaboração deste livro.

À minha esposa, Daniela, pelo auxílio e companheirismo.

À Profª. Drª. Alboni Marisa Dudeque Pianovski Vieira, pelas preciosas observações e sugestões.

Aos amigos Ivan Ferreira do Nascimento e Enéas Ribeiro, pelo apoio incondicional no processo de elaboração deste trabalho.

[...] toda sociedade participa da criação e manutenção do folclore, considerado a "história não escrita de um povo", pois ele resume as tradições e esperanças das coletividades.

(Frade, 1991, p. 13)

PREFÁCIO

Recebi, com alegria, o convite para prefaciar o livro *Introdução ao folclore musical: perspectivas e abordagens*, fruto do trabalho cuidadoso de Tadeu Aparecido Malaquias, licenciado em Música, mestre e doutorando em Educação, preocupado com o acesso ao conhecimento e com a disseminação da educação musical. Na Pontifícia Universidade Católica do Paraná, Tadeu foi meu orientando no Programa de Pós-Graduação em Educação (mestrado), oportunidade em que se destacou por suas qualidades de pesquisador ético, sensível, reflexivo e crítico. Dos estudos realizados no mestrado, resultou o livro *Keith Swanwick: da teoria à transformação da Escola de Música e Belas Artes do Paraná*, publicado pela Editora Appris, em 2019, cujo objetivo foi analisar como se deu o processo de influência das teorias educacionais de Keith Swanwick na Embap. A continuidade dos estudos na área da educação musical vem sendo realizada por ele em nível de doutorado. Atualmente, Tadeu Aparecido Malaquias é professor e coordenador pedagógico das atividades de música realizadas no Projeto Dorcas/Música, na cidade de Almirante Tamandaré (Paraná), além de professor e regente da Banda Municipal de Quatro Barras (Paraná).

Dando vazão à sua inquietude intelectual, concomitantemente, Tadeu nos surpreende ao apresentar uma nova obra, dessa vez de caráter didático, versando sobre o folclore musical e suas decorrências na esfera educacional. Sob essa ótica, o livro *Introdução ao folclore musical: perspectivas e abordagens* é dividido em seis capítulos, cada um com cinco seções. A ordenação desses capítulos permite ao estudante apropriar-se, gradativamente, dos temas propostos, em sua conceituação, seus sentidos e suas perspectivas, considerando-se os diferentes contextos sociais, políticos e econômicos tratados ao longo da obra.

O primeiro capítulo, intitulado "O folclore", traz conceitos-chave e trata das manifestações folclóricas, relacionando o folclore aos contextos sociais, à música e culminando com a abordagem metodológica da disciplina.

O segundo capítulo, "A música e os mitos: os sons como expressão popular", possibilita ao leitor uma viagem sonora, por meio da análise dos diferentes papéis dos sons nas civilizações antigas, medievais e modernas e sua influência na música folclórica brasileira.

Na sequência, "Folclore, cultura e política na história do Brasil" investiga a formação cultural musical nos períodos colonial, imperial e republicano, destacando o nacionalismo brasileiro e, por fim, a cisão entre a música urbana e a música rural no país.

O quarto capítulo, "Folclore, música e ditaduras: a cooptação das manifestações populares", detém-se sobre dois períodos específicos da história do folclore musical no Brasil: o período getulista e a fase da ditadura civil-militar. A investigação aprofundada desses períodos foi objeto de destaque na obra de Tadeu, que considerou a presença de fenômenos de relevância que mereceram maior atenção a propósito de suas implicações e seus desdobramentos.

Vale a pena ater-se ao quinto capítulo da obra, "O folclore nas regiões brasileiras". Nele, somos conduzidos pelas regiões brasileiras, cada uma com suas especificidades, e pelas manifestações populares relevantes nas regiões Norte, Nordeste, Centro-Oeste, Sudeste e Sul.

No último capítulo, denominado "Folclore e o século XXI", o autor retoma os debates conceituais, propiciando uma reflexão sobre o papel do folclore musical no contexto educacional como forma de inclusão e de enriquecimento cultural. Tadeu também acrescenta o papel político que a abordagem do folclore ocupa na sociedade brasileira atual.

Acentuando o caráter didático da obra, ao final de cada capítulo encontra-se uma síntese do tema trabalhado, seguida de atividades de autoavaliação, de aprendizagem e de caráter prático, para a revisão do conteúdo. Auxiliando o educador em sua prática pedagógica, os "Anexos" trazem partituras de temas folclóricos que poderão contribuir para sua execução no contexto escolar.

Como se pode perceber, ao tratar o folclore como parte inerente à existência humana, o livro reúne as melhores condições para atingir os objetivos propostos em sua "Apresentação": estimular a reflexão de professores, futuros educadores e interessados sobre o papel da música como elemento educacional, em suas múltiplas possibilidades.

Agradeço ao Tadeu pela gentileza do convite para que eu apresentasse este instigante trabalho, desejando boa leitura aos interessados pelo tema relativo ao folclore musical.

Curitiba, 10 de setembro de 2019
Profª. Drª. Alboni Marisa Dudeque Pianovski Vieira
Programa de Pós-Graduação em Educação da PUCPR

APRESENTAÇÃO

O folclore musical, como manifestação popular, disciplina de estudo ou objeto de pesquisa, é um fenômeno tão complexo quanto os diferentes contextos históricos e sociais nos quais ele nasce, estabelece-se, perpetua-se, transforma-se e, eventualmente, deixa de existir. Justamente pela amplitude e pela complexidade da abordagem sobre as relações entre o folclore, a música e as diferentes formas com que se manifesta, ofereceremos nesta obra uma introdução sobre as principais temáticas presentes na disciplina de folclore musical. Durante a abordagem das questões que envolvem o folclore musical, daremos maior enfoque aos aspectos brasileiros, sem deixar de considerar a importância das influências estrangeiras ao longo da história do Brasil, desde o período colonial até o nosso contexto contemporâneo.

Dessa forma, pretendemos apresentar os conceitos básicos sobre o folclore musical para professores, futuros educadores e interessados sobre o tema em geral, que buscam se aprofundar nos aspectos culturais musicais brasileiros. Em relação aos profissionais da educação, pretendemos, também, que o presente livro possa estimular a reflexão sobre o papel da música como elemento educacional em relação aos diferentes contextos sociais, a fim de ampliar os horizontes teóricos de abordagem da disciplina.

Como meio de contribuir para a formação profissional de educadores de diferentes áreas, no enfoque sobre a apresentação e a reflexão em relação ao folclore musical, recorremos a autores de diferentes campos do conhecimento. Todos os aspectos históricos, filosóficos, políticos, sociológicos e educacionais abordados aqui foram embasados em pesquisas e autores de grande proeminência em suas respectivas áreas de estudo. Partindo de um espectro variado de perspectivas, esperamos possibilitar, também, que educadores de outras áreas – não apenas da música ou de artes em geral – possam aprofundar e abordar questões sobre o folclore musical em suas práticas docentes.

Sob essa ótica, o presente livro está organizado em seis capítulos, com cinco seções cada um. Os capítulos foram condensados dentro de uma ordem conceitual, na qual os conceitos foram apresentados dentro de um quadro histórico. Essa construção teve como finalidade promover um gradativo aprofundamento em relação a esses conceitos, seus sentidos e suas diferentes perspectivas em diferentes contextos sociais, políticos e econômicos ao longo da história.

Nesse sentido, o primeiro capítulo traz a apresentação dos conceitos básicos presentes na disciplina de folclore musical e a fundamentação metodológica que estrutura o texto. Na sequência, no segundo capítulo, abordamos os diferentes papéis dos sons nas civilizações e nossas influências musicais e culturais. Em seguida, no terceiro capítulo, aprofundamos especificamente a formação civilizacional brasileira, bem como o papel das manifestações populares e da música nesse processo de desenvolvimento cultural.

O quarto capítulo merece uma atenção especial, pois não segue a estrutura histórica presente até o Capítulo 3. O destaque em relação a dois períodos específicos da história do folclore musical no Brasil foi necessário em virtude da presença de fenômenos de grande relevância que merecem maior atenção sobre suas implicações e desdobramentos. Já no quinto capítulo, apresentamos o folclore nas regiões brasileiras, o quadro atual e as principais manifestações populares nas quais a música tem uma presença marcante.

Por fim, no último capítulo, retomamos os debates conceituais sobre o folclore musical para refletir sobre seu papel no contexto educacional, suas possibilidades de abordagem como meio didático e como forma de enriquecimento e inclusão cultural. Também discutimos as legislações oficiais em relação ao espaço do folclore na educação e nas políticas culturais brasileiras como uma forma de apresentar o papel político que a abordagem do folclore ocupa em nossa sociedade atualmente.

No final de cada capítulo, encontram-se uma síntese e alguns exercícios para a revisão do conteúdo. A seção "Teste de som" apresenta questões de múltipla escolha e verdadeiro ou falso, com cinco alternativas cada. Já a seção "Treinando o repertório" compreende perguntas de resposta livre, que estimulam a reflexão e a pesquisa para o aprofundamento dos temas abordados. Ainda, as atividades propostas na seção "Som na caixa" referem-se a exercícios que podem ser aplicados pelos leitores em diferentes contextos educacionais. Cada uma dessas atividades conta com um objetivo, contudo, elas podem ser adaptadas para a sua aplicação prática, de acordo com a intencionalidade do educador ou do seu contexto educacional. Por fim, nos "Anexos" estão algumas partituras de temas folclóricos que podem auxiliar na elaboração de atividades práticas.

Tratar do folclore musical, relacionando toda a riqueza de elementos que compõem a disciplina, oferece-nos a possibilidade de conhecer melhor nossa grande diversidade cultural. Além disso, permite expandirmos as possibilidades de reflexão sobre nossas origens, nosso desenvolvimento histórico, nosso quadro social atual e qual é o papel do folclore musical em nossas vidas.

COMO APROVEITAR AO MÁXIMO ESTE LIVRO

Empregamos nesta obra recursos que visam enriquecer seu aprendizado, facilitar a compreensão dos conteúdos e tornar a leitura mais dinâmica. Conheça a seguir cada uma dessas ferramentas e saiba como elas estão distribuídas no decorrer deste livro para bem aproveitá-las.

Introdução do capítulo

Logo na abertura do capítulo, informamos os temas de estudo e os objetivos de aprendizagem que serão nele abrangidos, fazendo considerações preliminares sobre as temáticas em foco.

Resumo da ópera

Ao final de cada capítulo, relacionamos as principais informações nele abordadas a fim de que você avalie as conclusões a que chegou, confirmando-as ou redefinindo-as.

Teste de som

Apresentamos estas questões objetivas para que você verifique o grau de assimilação dos conceitos examinados, motivando-se a progredir em seus estudos.

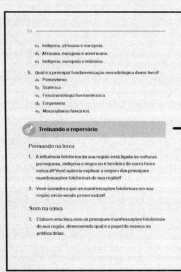

Treinando o repertório

Aqui apresentamos questões que aproximam conhecimentos teóricos e práticos a fim de que você analise criticamente determinado assunto.

Álbuns comentados

Nesta seção, comentamos algumas obras de referência para o estudo dos temas examinados ao longo do livro.

Só as melhores

Para ampliar seu repertório, indicamos conteúdos de diferentes naturezas que ensejam a reflexão sobre os assuntos estudados e contribuem para seu processo de aprendizagem.

Em alto e bom som

Algumas das informações centrais para a compreensão da obra aparecem nesta seção. Aproveite para refletir sobre os conteúdos apresentados.

as diferentes formas de combinações dos instrumentos em conjunto, as características melódicas e harmônicas, os tipos de ritmos etc. Todos esses elementos são transmitidos por meio de tradições e, se levarmos em conta a força da transmissão oral do conhecimento, é plausível que determinados tipos de canção folclórica não tenham nenhum registro do início da sua prática, mas apenas registros realizados a partir de determinado momento histórico muito posterior à sua composição.

1.2 As manifestações folclóricas

A formação do folclore brasileiro deve-se em grande parte à presença e à miscigenação de três civilizações que formaram a base da população brasileira a partir do processo de colonização.

Se ligue na batida!

A miscigenação corresponde ao processo de mescla de diferentes etnias. A perspectiva sobre esse conceito que perpassa esta obra está ligada à ideia de Freyre (2006) segundo a qual nossos colonizadores já demonstravam, antes mesmo de chegarem ao território brasileiro, uma maior capacidade de dominação territorial e adaptação cultural. Essas características fizeram com que o processo de povoamento do Brasil fosse marcado pela mistura de diferentes etnias.

De cada povo, nosso folclore adotou aspectos diferentes, que em muitos casos continuaram preservados e ligados à sua

Se ligue na batida!

Nestes boxes, apresentamos informações complementares e interessantes relacionadas aos assuntos expostos no capítulo.

Capítulo 1
O FOLCLORE

Este capítulo apresenta alguns conceitos que constituem a base das abordagens e dos debates presentes neste livro. Na primeira seção, apresentaremos as reflexões iniciais sobre as condições sociais de produção cultural, as manifestações artísticas que emanam da cultura popular, suas formas de transmissão, bem como a ligação entre as manifestações folclóricas e as artes, em especial, a música.

Na segunda seção, discutiremos as principais influências folclóricas brasileiras e a questão dos autores das manifestações folclóricas. Também, abordaremos temas referentes à transmissão dessas manifestações e sua perpetuação no tempo, levando em conta os diferentes contextos sociais.

Justamente pela importância dos contextos sociais, na terceira seção, explicaremos especificamente a influência destes sobre o folclore e os aspectos metodológicos que permitem o estudo sobre o tema. Na quarta seção, apresentaremos as primeiras reflexões sobre as relações entre música e folclore, além das suas formas de presença na nossa sociedade e nas nossas vidas. Por fim, na quinta seção, comentaremos sobre a metodologia que fundamenta a pesquisa e as razões de sua utilização para uma melhor compreensão dos fenômenos abordados durante esta obra.

1.1 O folclore: conceitos-chave

A palavra *folclore* foi utilizada pela primeira vez pelo arqueólogo William John Thoms, em 1846, em uma carta enviada à revista *The Atheneum*, em Londres. Nessa correspondência, solicitava recursos para uma pesquisa sobre as lendas e tradições populares regionais inglesas. Para conceituar essas manifestações culturais, Thoms sugeriu a palavra *folk-lore*. O vocábulo *folk* significa "povo", e *lore*, "ciência" ou "conhecimento". Contudo, apenas em 1878, após a inauguração da Sociedade de Folk-lore de Londres, responsável pela pesquisa, conservação e publicação dos fenômenos populares, o termo disseminou-se. No Brasil, com a reforma ortográfica de 1934, a letra *k* e o hífen foram excluídos da palavra em português, que passou a ser redigida *folclore*. Como explica Megale (1999), a partir de então, o estudo do folclore foi definido "como a ciência que estuda todas as manifestações do saber popular" (Megale, 1999, p. 11).

Em alto e bom som

Os fenômenos folclóricos manifestam-se de diversas formas, tornando-se registros materiais de expressões de conhecimentos populares transmitidos ao longo de gerações. Historicamente, essa transmissão de conhecimentos se dava por meio oral, sendo incorporada por outras formas de expressão posteriormente, como a música, a escrita e a dança.

Essas formas de expressão também são registradas desde a Pré-História por meio de mitos religiosos, acompanhados de outras formas materiais, como desenhos e artesanatos. No decorrer da história, com o desenvolvimento de outras formas expressivas de transmissão de conhecimentos, o folclore pôde se manifestar também na forma de literatura, poesia, lendas, contos, jogos etc. Nesse sentido, o papel do folclore pode ser considerado um meio de traduzir "ao vivo a alma de uma raça, pois é específico e genuíno no seio de cada povo, distinguindo-o das outras coletividades" (Megale, 1999, p. 12).

O folclore nasceu da necessidade humana de compartilhar suas experiências, dando origem a uma grande quantidade de saberes que podem remeter às comunidades mais primitivas. A oralidade foi a principal forma de transmissão desses conhecimentos que, posteriormente, abriram espaço às narrativas de ficção. Sob essa ótica, para Vieira (2015, p. 89):

> As diversas narrativas fictícias que chegaram até nós, através, especialmente, de compilações folclóricas, mimetizam formas de ações e conflitos que nossos antepassados experimentaram, e que, até hoje, de alguma maneira, ainda, inconscientemente, fazem-se presente [sic] em nosso dia a dia. Quando o homem dominou a língua, pôde criar narrativas mais elaboradas e com arranjos sociais mais seguros.

A preservação desses conhecimentos transmitidos de forma oral teve seu momento decisivo após a invenção da escrita, que deu origem à literatura.

Conforme o estudo do folclore avançou na Europa, ficou claro que "o termo de Thoms, à medida que vendia espaços físicos, ia rompendo também com os limites estabelecidos para o âmbito de suas preocupações, voltando-se cada vez mais para os estudos relacionados com a vida do homem" (Frade, 1991, p. 11).

As fronteiras entre o estudo do folclore e outras áreas começaram a ficar menores, tornando-se praticamente inviável sua pesquisa sem recorrer a ciências como história, psicologia, sociologia e antropologia.

Uma das formas mais poderosas desses registros das expressões populares ocorreu por meio das artes. Por isso, estas estão intimamente ligadas ao folclore, muitas vezes sendo indissociáveis dele. Como exemplos, podemos citar a poesia, as trovas, o teatro, a literatura de cordel, além das danças, das artes plásticas, das roupas e das comidas típicas. Outra forma de registro dessas expressões populares ocorre por meio de elementos religiosos, como as crendices, as superstições e as festas. Contudo, uma atividade específica tem papel fundamental no seio das manifestações folclóricas, dando ainda mais vida às expressões citadas anteriormente, a saber, a música. Por meio dos cantos religiosos, a música pode ser uma manifestação em si mesma ou proporcionar ainda mais "profundidade" a outras manifestações folclóricas.

O estudo sobre o folclore e a música folclórica no Brasil acaba sendo, em parte, uma pesquisa histórica, pois, como explicam Ayala e Ayala (2003, p. 12):

> A proposta de estabelecer uma tradição nacional pode implicar ver as mudanças ocorridas como deturpações. Por outro lado, na medida em que se concebe essa tradição como resultado de diferenças frente às contribuições culturais de outras origens, admite-se o caráter histórico, com as consequentes transformações da cultura. Quando se trata de um país novo, as transformações detectadas associam-se à noção de progresso.
> O problema de articular essas posições vai receber soluções diferentes dos estudiosos do folclore brasileiro.

Embora o contexto e a descrição histórica sejam partes fundamentais, a construção de um relato histórico não foi o principal enfoque deste livro. Como sugerem Ayala e Ayala (2003), um tipo de abordagem cronológica rígida poderia nos levar a alguns enganos sobre a essência das manifestações populares. Porém os autores também destacam que as pesquisas elaboradas levando em conta os processos históricos trazem "pontos de vista extremamente pertinentes, críticos e até atuais" (Ayala; Ayala, 2003, p. 8).

Dessa forma, neste capítulo também levamos em conta pesquisas históricas, suas problematizações e suas relações com as manifestações folclóricas e a música no Brasil. Essa abordagem permite a abertura de mais campos de reflexões sobre o papel da música folclórica na sociedade brasileira em seus diferentes contextos, pois o estudo do folclore

> ajuda-nos a compreender melhor os problemas sociais brasileiros, pois ele reflete os conhecimentos aceitos por nossos antepassados e transmitidos às gerações modernas. Fiel ao passado, mas alerta às solicitações da hora presente, o folclore preserva e sedimenta os principais distintivos de cada povo. (Megale, 1999, p. 14)

Outra questão recorrente na literatura sobre o folclore de autores como Celso Magalhães (1849-1879), José de Alencar (1829-1877) e Sílvio Romero (1851-1914) é a situação tensional entre a preservação das manifestações folclóricas e o processo de urbanização e modernização no Brasil. Se durante muitos anos, por um lado, o contexto rural exemplificava características rústicas e ingênuas, o processo de modernização foi considerado um símbolo civilizador. Em contrapartida, esse movimento estaria levando ao fim as manifestações culturais no interior do país.

Como resultado, chegou-se à conclusão de que as manifestações culturais populares não resistiriam ao processo modernizador e à luta contra os meios de comunicação de massa, que surgiram em meio a essa marcha do desenvolvimento (Ayala; Ayala, 2003). Para compreender melhor esse processo de mudanças sociais, diferentes estudiosos oferecem diversos conceitos sobre as transformações sociais brasileiras e como estas se desdobraram na cultura e no folclore. Essas linhas de pensamento acabam passando pela questão da necessidade de uma delimitação mais clara do que viria a ser uma manifestação popular e uma manifestação folclórica, caso seja possível haver esse tipo de distinção.

Em alto e bom som

Por isso, no decorrer deste livro, consideramos importante trazer à baila uma reflexão sobre as tensões no emprego das expressões *folclore* e *cultura popular*.

Pesquisadores como Arantes (2007) e Brandão (1994) apresentam perspectivas distintas em relação à utilização desses dois conceitos. Alinhados com Arantes (2007) estão Ayala e Ayala (2003), considerando a utilização de um conceito de cultura popular mais adequado, pois este apresenta elementos mais rigorosos a suas concepções sobre o tema. Entre essas concepções, está a ideia de que o conceito de cultura popular traz consigo características que abarcam os contextos de produção dessas manifestações. Em síntese, a cultura popular é fruto de produções humanas que visam atender às demandas da vida social e, portanto, têm um aspecto prático de existência.

Sobre a tensão que existe entre a abordagem sobre o folclore e a cultura popular, compartilhamos da posição de Ayala e Ayala (2003), segundo a qual a principal preocupação deve residir em

> analisar as obras que consideram as condições sociais da produção cultural popular, contrapondo-as, na medida do possível, a matrizes teóricas, mais antigas ou mais recentes, que congelam, por assim dizer, os 'fatos', as manifestações culturais, dissociando-as de seu contexto. Estamos mais preocupados em elaborar antologias e coleções de textos populares ou, no máximo, em estudar as manifestações como produtos prontos, acabados (os textos, as músicas, as roupas, os instrumentos, a coreografia, os gestos etc.), sem atentar para suas condições de produção. (Ayala; Ayala, 2003, p. 7)

Por isso, delimitamos a utilização do conceito de folclore para os fenômenos mais específicos, ao passo que o conceito de cultura popular compreende os fenômenos sociais mais abrangentes.

A concepção sobre o folclore que acabamos de apresentar permeia esta obra, sem deixar de considerar o grande número de pesquisas e debates sobre a cultura popular e o folclore no Brasil, que remontam ao século XIX. Segundo Cabral (1978), a partir de 1873, as pesquisas sobre o folclore começaram

> a ganhar maiores proporções e apareceram trabalhos muito interessantes. Daí para cá, pois, os que deles têm se ocupado sob as múltiplas divisões, são: Celso Magalhães (poesia popular e costumes), Sílvio Romero (romantismo, poesia popular, cantos e contos), José de Alencar (poesia sertaneja e transformação da língua portuguesa no Brasil), Araripe Júnior (poesia popular no

Ceará), Hartt e Couto Magalhães (línguas e mitos tupis), Batista Caetano, Macedo Soares, Beaurepaire-Rohan, Apolinário Porto Alegre e Paranhos Silva (língua), Barbosa Rodrigues (lendas, crenças e superstições do vale do Amazonas), José Veríssimo (língua, superstições e costumes do Pará), Koseritz (poesia popular do Rio Grande do Sul) e Herbert Smith (mitos tupis). (Cabral, 1978, p. 21)

Em linhas gerais, esses escritores consideravam o Brasil, assim como os outros países da América Latina, um país jovem e dependente. Nesse sentido, a literatura sobre o folclore nacional esteve dividida, após a segunda metade do século XIX, entre a preocupação de encontrar e registrar a afirmação de uma identidade nacional e uma tensão entre as concepções de valorização folclóricas mais conservadoras e críticas. Entre os autores brasileiros que refletiram sobre o folclore nacional, suas características e suas possibilidades, Mário de Andrade (1893-1945) ocupa lugar de destaque.

Um dos pontos de grande relevância entre as perspectivas folclóricas de Mário de Andrade sobre a música está relacionado à questão sobre a tradição. Mesmo que as fontes primárias não possam ser consultadas, ou seja, as partituras, as cifras ou qualquer forma de registro físico da música, é por meio da tradição que esta se perpetua. Essa falta de registros pode até impossibilitar a classificação de uma música como genuinamente folclórica, porém, isso não significa que não existam aquelas que emanam diretamente de uma criação popular. O fato de o documento musical não ser encontrado ou preservado não exclui outras características fundamentais da música, como as regras de composição musical, as formas de entoar os cantos ou tocar os instrumentos, as diferentes formas de combinações dos instrumentos em conjunto, as características melódicas e harmônicas, os tipos de ritmos etc. Todos esses elementos são transmitidos por meio de tradições e, se levarmos em conta a força da transmissão oral do conhecimento, é plausível que determinados tipos de canção folclórica não tenham nenhum registro do início da sua prática, mas apenas registros realizados a partir de determinado momento histórico muito posterior à sua composição.

1.2 As manifestações folclóricas

A formação do folclore brasileiro deve-se em grande parte à presença e à miscigenação de três civilizações que formaram a base da população brasileira a partir do processo de colonização.

Se ligue na batida!

A miscigenação corresponde ao processo de mescla de diferentes etnias. A perspectiva sobre esse conceito que perpassa esta obra está ligada à ideia de Freyre (2006) segundo a qual nossos colonizadores já demonstravam, antes mesmo de chegarem ao território brasileiro, uma maior capacidade de dominação territorial e adaptação cultural. Essas características fizeram com que o processo de povoamento do Brasil fosse marcado pela mistura de diferentes etnias.

De cada povo, nosso folclore adotou aspectos diferentes, que em muitos casos continuaram preservados e ligados à sua fonte de origem ou, por vezes, imiscuíram-se nas manifestações folclóricas de outros povos e contextos sociais. Entre as três principais fontes de influência folclórica estão os indígenas e sua ligação com a natureza, os portugueses e suas tradições próprias da Península Ibérica – além das tradições europeias –, e os negros escravizados, que trouxeram sua própria cultura e conhecimentos do mundo africano.

Para as culturas indígena e africana, o processo de miscigenação foi, possivelmente, a única chance de manter vivas muitas de suas expressões culturais. Sobre as relações de miscigenação, Cabral (1978, p. 22) complementa mencionando que

> três elementos importantes contribuíram para essa fertilidade de tradições na família brasileira: o da raça invasora, o indígena e o africano. Além do que herdamos acresce que o conflito das 3 raças, às vezes não se compreendendo, fez, e como era natural, aparecerem novos elementos tradicionais no espírito do brasileiro.

Essa citação nos oferece duas reflexões. A primeira diz respeito à consideração não da chegada do "branco", nem dos "europeus" ou dos "portugueses", mas da "raça invasora", o que pode deixar subentendido que o processo de influência das classes dominantes sobre as classes dominadas ocorreu desde o início da formação cultural brasileira. A segunda refere-se à relação entre as três culturas originárias, que se miscigenaram não só por conta de sua convivência, mas também como fruto de tensões e conflitos entre elas. Esse fato nos ajuda a compreender as razões de não haver registros de muitas composições das canções folclóricas, já que são originárias de camadas sociais que "não tinham voz" (ou letramento). Nessa perspectiva, o fenômeno folclórico, idealmente, passou por diferentes fases para ser reconhecido como tal. Toda manifestação popular possui um autor, mas em grande parte das vezes ele é anônimo. Assim, o autor responsável pela manifestação folclórica pode se localizar tão longe na linha histórica que seu nome foi perdido e sua criação, absorvida pela população de determinado local. Isso nos leva a refletir sobre outra questão: a aceitação coletiva.

A partir do momento em que uma determinada população absorve uma criação folclórica, ela assume-a, transforma-a e modifica-a, fazendo dela uma criação coletiva. Esse processo de transformação, historicamente, dá-se por meio da transmissão oral, justamente pela impossibilidade de ocorrer uma transmissão a partir de um registro material. A transmissão oral pode ser considerada uma das razões para as gradativas mudanças e adaptações dos fenômenos folclóricos de acordo com cada contexto social e geográfico.

Por essa razão, o anonimato é um fator constituinte de diversas manifestações folclóricas e objeto de debates. A esse respeito, Frade (1991, p. 24) considera que os responsáveis pelas criações folclóricas "existem dispersos no próprio grupo social que acata, reproduz e modifica suas obras, num processo de coletivização. É por este caminho, traçado pela memória oral, que o Folclore escoa, marginalizando autorias, eliminando propriedades iniciais".

Esse processo de criação parte de uma composição necessariamente individual ou de um grupo de pessoas, sendo manifestação aceita e assumida por uma coletividade.

No entanto, isso não significa que o papel dos transmissores dessas criações não seja de enorme importância para os participantes dessas manifestações. Como Frade (1991, p. 26) complementa, "é importante atentar para a existência de autores destacados no interior das comunidades populares, identificados através de termos como Mestre, Poeta, Artista, Músico". Posteriormente, a autora menciona que "são esses mesmos criadores individualizados que conferem às ´tradições´ a feição de modernidade, buscando um ajuste às exigências da própria comunidade praticante"(Frade, 1991, p. 26). Essa criação está sujeita a mudanças, adaptações e transformações. Com o passar do tempo, essa primeira informação pode se perder e, enfim, a manifestação será de domínio público.

A transmissão oral é considerada parte constituinte do conceito de folclore. Contudo, quando tratamos do folclore, podemos crer que a oralidade está inserida em um campo muito mais abrangente. Muitas vezes, a transmissão que ocorre no seio de uma manifestação folclórica não se dá somente pela oralidade – embora seja um fator de grande importância –, mas também pelo contato direto com as manifestações. Em alguns casos, isso acontece pela observação, pela imitação, pelo contato físico e por outros diversos processos que possibilitam o aprendizado e a perpetuação da manifestação folclórica. Esse processo é conceituado por Frade (1991) como uma transmissão empírica – fundamentada em uma experiência –, pois "torna-se mais abrangente, englobando todo o aprendizado por que passam os indivíduos através de suas vivências totais"(Frade, 1991, p. 24). Como não há uma sistematização rigorosa na transmissão dos conhecimentos ligados ao folclore, as formas de apropriação de cada indivíduo podem ocorrer de diferentes maneiras, e "estes experimentos individuais favorecem a particularização do fato folclórico, que vai então adquirindo novas feições e contornos, convencionalmente chamados de 'variantes' ou 'diversificações'" (Frade, 1991, p. 25).

O conhecimento estava à mercê das percepções de cada indivíduo e de uma consciência coletiva de sua existência. Como cada indivíduo e cada sociedade tem sua própria consciência e percepção do seu entorno, os fenômenos folclóricos foram se adaptando a essas diferenças de contextos. A partir do momento em que esses fenômenos passam a se integrar à cultura de determinado contexto social, eles tornam-se tradições, ou seja, algo presente de forma constante como meio de perpetuação de conhecimentos transmitidos por gerações e sempre relembrados.

Por fim, esses conhecimentos transmitidos atendem a uma funcionalidade e respondem às necessidades específicas de cada contexto social, possibilitando sua perpetuação no seio de um povo como expressão da experiência popular. Isso faz do folclore um fenômeno dinâmico, capaz de adaptar-se às transformações de diferentes períodos históricos, sobrevivendo aos processos de industrialização, urbanização e revoluções tecnológicas.

O folclore consegue manter sua essência sem deixar de, muitas vezes, adaptar-se às transformações sociais, tornando-se uma das mais ricas formas de registro das expressões populares. Dessa característica emana a concepção de que uma manifestação folclórica, além de ser popular, deve ser capaz de se perpetuar no tempo. Nessa sentença está implícita a ideia de sobrevivência dessa manifestação, que se perpetua na memória coletiva por meio de suas práticas, resistindo ao tempo e às transformações sociais. Por isso, a sobrevivência de uma manifestação folclórica é dependente também da força do seu processo de coletivização.

É justamente o processo de coletivização que torna a música uma manifestação especial, pois "sendo a mais coletivista de todas as artes, exigindo a coletividade pra se realizar, quer com a coletividade dos intérpretes, quer com a coletividade dos ouvintes, está muito mais, e imediatamente, sujeita às condições da coletividade"(Andrade, 1941, p. 13).

Apesar de remontarmos ao início da civilização ocidental e brasileira para melhor compreendermos alguns pontos relevantes sobre o folclore musical, seus conceitos, desenvolvimento e papel, nossa preocupação nesta obra não será mostrar especificamente as origens das manifestações folclóricas. Buscar as origens de determinados fenômenos, muitas vezes, é incorrer em erro, principalmente quando se trata de questões brasileiras. Em grande parte, os fenômenos culturais mais interessantes nascem de misturas ou miscigenações, o que faz com que sejam fenômenos "impuros" ou que não têm uma raiz única para sua origem. Isso faz das manifestações populares brasileiras fontes de inigualável riqueza. Sob essa ótica, Gilberto Freyre foi uma importante sustentação metodológica, devido ao fato de considerar bastante os processos de miscigenação no Brasil para o estudo do folclore.

Como explica Freyre (2006, p. 66), a "singular predisposição do português para a colonização híbrida e escravocrata dos trópicos, explica-a em grande parte o seu passado étnico, ou antes, cultural, de um povo indefinido entre a Europa e a África."

Para Freyre (2006), essa foi umas das razões para que Portugal tenha sido mais bem-sucedido em seu processo de colonização que outros países europeus. De forma implacável, esse país subjugou grandes territórios, impondo-se também por meio de sua capacidade de mobilidade. Nessa perspectiva, de acordo com Freyre (2006, p. 70):

> A mobilidade foi um dos segredos da vitória portuguesa; sem ela não se explicaria ter um Portugal quase sem gente, um pessoalzinho ralo, insignificante em número – sobejo de quanta epidemia, fome e sobretudo guerra que afligiu a Península na Idade Média – conseguido salpicar virilmente do seu resto de sangue e de cultura populações tão diversas e a tão grandes distâncias umas das outras: na Ásia, na África, na América, em numerosas ilhas e arquipélagos. A escassez de capital-homem, supriram-na os portugueses com extremos de mobilidade e miscibilidade: dominando espaços enormes e onde quer que pousassem, na África ou na América, emprenhando mulheres e fazendo filhos, em uma atividade genésica que tanto tinha violentamente instintiva da parte do indivíduo quanto de política, de calculada, de estimulada por evidentes razões econômicas e políticas da parte do Estado.

De todo esse grande quadro de opressões que se estenderam em todos os aspectos durante o período colonial brasileiro, a miscigenação foi um dos processos mais marcantes, o qual acabou se desdobrando nos aspectos da vida cotidiana da população brasileira, permeando sua formação cultural ao longo da história.

Outro importante papel do estudo folclórico é a possibilidade de se refletir sobre o fato de que as manifestações folclóricas acompanham os diferentes momentos da sociedade na qual estão presentes. Como Megale (1999, p. 13) explica, "toda a sociedade participa da criação e manutenção do folclore, considerado por muitos como a 'história não escrita de um povo', pois ele resume as tradições e esperanças das coletividades". Complementando, Megale (1999, p. 13) afirma que "o folclore não é estático, mas essencialmente dinâmico, pois, apesar de basear-se no passado, está sempre se acomodando à mentalidade e às reivindicações do presente".

Por isso, o estudo do folclore permite não só aprofundar os diferentes estágios civilizacionais dos povos antigos, mas também entender as origens de determinados fenômenos contemporâneos sociais, religiosos, artísticos e psicológicos de uma população. Isso sem deixar de levar em conta que todos esses fenômenos, muitas vezes, manifestam-se de forma conjunta, amalgamados em grandes manifestações populares.

1.3 As relações entre o folclore e os contextos sociais

Apesar das diferentes maneiras pelas quais um fenômeno folclórico pode se manifestar, é importante perceber que sua manifestação se dá de forma material, por meio de sua prática ou pelos registros do saber popular, além disso sofre influência contexto social no qual está inserido.

Sobre a relação entre manifestação e as sociedades, Tinhorão (2010) destaca que a cultura de determinada localidade diz respeito à união de diversas culturas que se relacionam à realidade e às informações desse contexto. Esse fenômeno está ligado também às camadas em que essa sociedade se divide. No caso dos países capitalistas, dentre eles o Brasil, existe uma hierarquização cultural, influenciada pelos modos de produção, que dá origem a uma cultura de classes. Essa divisão é sintetizada por meio de dois conceitos: a cultura das elites político-econômicas e responsáveis pelos meios de comunicação; e a cultura das camadas populares, urbanas ou rurais.

A esses dois fenômenos Tinhorão (2010) denominou *cultura do dominador* e *cultura do dominado* (Tinhorão, 2010, p. 8). Esse fenômeno também se estende em nível internacional, no qual as nações mais desenvolvidas influenciam nações economicamente dependentes. Como resultado, Tinhorão (2010, p. 8) aponta que

> a cultura das camadas pobres acaba sendo submetida a uma dupla dominação: em primeiro lugar, porque se situa em posição de desvantagem em relação à cultura das elites dirigentes do país; e, em segundo lugar, porque esta cultura dominante não é sequer nacional, mas importada, e por isso mesmo, dominada.

Desse pensamento resultou um tipo de abordagem em relação ao folclore que tem como objetivo registrar as manifestações folclóricas, suas variações, suas localidades geográficas e compará-las. Através dessas observações comparativas, busca-se uma linha hipotética que poderia estabelecer suas origens e seu processo de disseminação. Ayala e Ayala (2003) conceituam essa forma de pesquisa como método comparativo. Essa concepção seguiu os meios de pesquisa mais comuns utilizados entre os séculos XIX e XX, entre eles, o evolucionismo e o positivismo, e foi influenciada por eles. Logicamente, essa abordagem não poderia deixar de trazer consigo as limitações e os problemas que carrega uma pesquisa fundamentada nesse tipo de concepção teórica. Amaral (1948) já criticava os métodos utilizados para a pesquisa folclórica, sem negar as contribuições desses estudos. Segundo o autor (Amaral, 1948), entre os problemas estaria a necessidade de encontrar explicações com base em quadros preconcebidos, procurando ordenar fatos ainda pouco conhecidos, a fim de impor explicações gerais sobre as manifestações folclóricas. Desde essa época, Amaral (1948) defendia a necessidade de procurar um maior número de registros documentais e levar em conta os contextos sociais para embasar as pesquisas, proporcionando maior rigor às análises subsequentes.

Em relação às formas de estudo dos fenômenos folclóricos, Ayala e Ayala (2003) também mostraram posições críticas em relação à sua abordagem no Brasil. A crítica dos autores está exemplificada em trabalhos que sustentam a ideia de que as manifestações populares são apenas uma forma de sobrevivência de práticas culturais do passado, praticadas na atualidade. Tais práticas são abordadas como se não sofressem transformações ou adaptações e estão ligadas a seu contexto social contemporâneo. Nessa ótica, Para Ayala e Ayala (2003, p. 8):

> Este tipo de enfoque é que pode ser considerado anacrônico, 'atrasado', pois desconhece estudos que veem as práticas culturais populares da mesma maneira que qualquer manifestação de cultura, como parte de um contexto sociocultural historicamente determinado. Este contexto as explica, torna possível sua existência e, ao se modificar, faz com que também aquelas práticas culturais se transformem.

As manifestações culturais que expressam a realidade popular podem ter diferentes origens, mas, de forma geral, sofrem a influência de elementos externos ao seu contexto social e econômico. Por essas razões, para Tinhorão (2010), o problema da cultura também é uma questão política. Em parte, esse fenômeno está ligado a uma certa valorização da cultura internacional, herdada do período colonial. Por outro lado, está ligado também a uma dominação econômica dos meios de comunicação, os quais têm como principal objetivo o lucro.

Dentro desse quadro, a música é, sem dúvida, uma das formas de manifestação popular mais afetada. A "música popular" acabou por assumir um papel de "lazer urbano", ficando estritamente presa a uma indústria cultural de consumo e desconsiderando os diferentes contextos sociais brasileiros. A influência econômica na disseminação musical popular, segundo Tinhorão (2010, p. 10),

> como a divulgação das produções musicais, para além das salas ou comunidades regionais em que são ouvidas, depende da divulgação pelos meios de comunicação, principalmente o rádio e a televisão, é a ocupação desses espaços que permite a universalização de sons musicais por todo o território do país e, em certa medida, também por todas as classes sociais. Acontece que, como tais canais de divulgação pertencem a empresários que dividem os espaços em tempo, que é vendido conforme determinados preços o segundo ou o minuto, será esse custo econômico das horas de veiculação das músicas que irá determinar quais, entre todos os gêneros produzidos – no país ou no estrangeiro – os que vão ser ouvidos.

Nesse sentido, a música popular não se disseminaria mais por sua relação com a realidade de cada contexto social, mas por sua capacidade econômica de divulgação por meio das mídias e da indústria de consumo musical. A "música popular", assim, deixa de ser um meio de expressão de uma "cultura popular" para ser uma "música massificada", disseminada de acordo com o poder econômico de quem a financia.

É preciso lembrar que os contextos sociais brasileiros sempre se caracterizaram por sua complexidade, o que torna o estudo do folclore musical em âmbito nacional uma tarefa não menos complexa. Estudar as relações entre a música folclórica, as formas de expressão popular e os contextos sociais não pode excluir a abordagem dos contextos econômicos e políticos de sua existência. Apenas por meio da abordagem de toda essa cadeia de perspectivas é que se torna possível compreender com mais profundidade as relações entre o folclore musical e os contextos sociais, principalmente no âmbito nacional.

1.4 As relações entre o folclore e a música

O surgimento de uma música folclórica genuinamente brasileira deu-se por meio de um processo histórico, influenciado pelas formas de colonização, pelo clima, pela geografia, bem como pela gradativa miscigenação cultural dos três principais responsáveis pela colonização do interior do Brasil, a saber: os portugueses, os indígenas e os escravos africanos. Somente muito posteriormente a cultura brasileira contou também com a contribuição de outros povos, devido a processos migratórios de estrangeiros para o Brasil.

Em relação à influência da música ameríndia, Megale (1999) explica que pouco sobrou em nosso folclore. Em parte, isso se deve a uma sobreposição das influências das culturas africana e portuguesa. Uma das razões para esse enfraquecimento da cultura indígena esteve presente desde o primeiro contato com os colonizadores jesuítas, que utilizaram elementos indígenas nas músicas sacras como meio de conversão desses povos, modificando sua estrutura. Essa influência estendeu-se para outros tipos de composições musicais. Dessa forma, é possível encontrar uma importante influência das canções indígenas nos temas dos folguedos populares, assim como nos instrumentos utilizados tanto nessas manifestações quanto até mesmo no repertório de música erudita da fase nacionalista da composição musical.

 Se ligue na batida!

Os folguedos são festas populares tradicionais comemorativas de origem religiosa. Podem ser compostas por músicas, danças, roupas típicas etc.

Como enumera Megale (1999), entre as danças brasileiras de origem indígenas, existem:

> o Cateretê ou Catira, o Toré dos quilombos alagoanos, Cururu, Sarabaquê ou dança de Santa Cruz, Sairé do extremo norte, assim como alguns folguedos populares: Caiapós, Caboclinhos, tribo, Dança dos Tapuios e Pássaros. Entre os instrumentos há tambores feitos de troncos de árvores escavados a fogo,

tipos de flautas e reco-recos de bambu, guizos amarrados nas pernas na forma de pequenos frutos secos e pedrinhas, zumbidores, trompas, buzinas, matracas, maracás e apitos. (Megale, 1999, p. 110)

Contudo, atualmente, as manifestações musicais indígenas continuam ligadas principalmente aos descendentes nativos, que as praticam como forma de manutenção de sua identidade cultural.

Sem dúvida, a influência portuguesa foi muito forte não só no campo musical, mas em todo o domínio cultural brasileiro. Dentro de um quadro de rígida imposição, durante o período colonial, o território brasileiro adotou dos portugueses a língua, a religião e diversos costumes. No campo musical, não recebemos apenas uma influência de estilo, mas todo o conhecimento técnico desenvolvido na Europa durante séculos. Foi por meio dos portugueses e, especialmente dos missionários jesuítas, que chegou ao Brasil toda a "ciência" musical e sua estrutura baseada em melodia, harmonia fundamentada em tonalidades, ritmos, instrumentos, formas de notação e, até mesmo, a ideia de diferentes gêneros musicais que, durante boa parte da colonização brasileira, dividiu-se entre o sagrado e o profano.

 Em alto e bom som

Especialmente sobre a utilização da música feita pelos jesuítas dentro do quadro histórico no qual ocorreu, Andrade (1941, p. 16) explica que

> a música dos primeiros Jesuítas foi necessária e social, enquanto a religião é coisa necessária e social. A crença em Deus, a esperança na Divindade, tanto do ponto de vista espiritualista como etnográfico não é uma superstição inicialmente imposta pelas camadas dominantes da sociedade, não. Parte de baixo para cima; e as massas populares dos clãs são crentes por si mesmas, crentes por natureza, por aquele necessário espírito místico próprio das mentalidades incipientes.

Os símbolos religiosos permeiam as formações sociais em seu processo de consolidação, e esse fenômeno também ocorreu no Brasil. Se os nativos que habitavam o território nacional já tinham suas divindades e crenças, essas formas de culto foram substituídas pelos padres jesuítas, e a música teve um papel fundamental nesse processo.

Se ligue na batida!

Os jesuítas são os membros da ordem religiosa católica Companhia de Jesus, fundada em 1534 por Inácio de Loyola (1491-1556).

Um exemplo de como a música pode ser considerada um elemento simbólico de grande relevância em um processo de evangelização está em Andrade (1941). O autor explica como a música e, principalmente, o canto serviram como instrumento de conversão dos nativos, pois:

> a música, ou melhor, o canto é o elemento mais litúrgico, mais imprescindível, pode-se mesmo dizer *sine qua non* da entrada em contato místico com o Deus desmaterializado. Porque o canto é ainda um fluido vital, que pela boca se escapa daquela parte imaterial de nós mesmos que reside em nosso corpo.
> (Andrade, 1941, p. 16)

Esse é um exemplo do poder que a música exerceu durante o período colonial, ligado às práticas dos jesuítas. Essa influência europeia de concepção musical possibilitou o desdobramento em diversos estilos distintos ao longo da história. Entre os que mais tiveram disseminação no Brasil com influência lusitana, podemos citar as toadas, os acalantos, as modinhas e um grande número de cantigas. Megale (1999) enumera as cantigas de origem lusitana da seguinte forma:

> Dorme-nenês, Rodas infantis, Cantos de trabalho, Romances e Modas de viola. Quanto às danças, as mais importantes são: Cana-verde, Ciranda, Chimarrita, Fandango, Quadrilha e nos Folguedos Populares, as Folias do Divino e de Reis (com palhaços), Marujada, Chegança, Pastoril, Dança de São Gonçalo, Dança do Ramalhão. (Megale, 1999, p. 111)

Também não podemos deixar de apontar as influências europeias no enredo das congadas, nas quais é encenada a luta entre mouros e cristãos, com a representação, inclusive, de Carlos Magno (742-814). Esse exemplo mostra como, mesmo sendo uma colônia distante do território europeu, muito do universo simbólico ocidental daquele período esteve presente no processo de construção cultural do Brasil.

Se ligue na batida!

Carlos Magno (742-814) foi coroado no ano de 800 d.C. pelo Papa Leão III como o primeiro Imperador do Sacro Império Romano. O período histórico de seu reinado também é conhecido como Império Carolíngio.

No ocidente, desenvolveram-se praticamente de forma simultânea três espécies de música: a erudita, a popular e a folclórica. Essa divisão pode criar algumas confusões, pois embora a música erudita, por vezes, pareça mais distante dos dois outros gêneros, manteve forte relação com a música folclórica ao longo da história, principalmente até o século XIX. Já a relação entre a música popular e a folclórica pode marcar uma dificuldade na delimitação do ponto em que termina uma e começa a outra. Por isso, é interessante apontar as concepções de autores, como Tinhorão (2010), que demarcam as características próprias de cada gênero musical. Tanto a música popular quanto a música folclórica tendem a ser mais disseminadas do que a música erudita, contudo, suas formas de disseminação consistem em um dos aspectos que as diferem.

A música popular tal como a concebemos hoje é um fenômeno urbano, fortemente influenciado inclusive por questões econômicas. Isso se exemplifica pelas suas principais formas de disseminação, a saber: a televisão, o rádio e as mídias tecnológicas. Esses meios são intimamente ligados ao contexto econômico e às questões de demanda e consumo. Já a música folclórica tem na oralidade, na coletividade e no anonimato suas principais formas de disseminação. Isso ocorre pela característica espontânea de sua manifestação, estando ligada principalmente a aspectos de determinada região, práticas de determinada sociedade ou manifestações religiosas. Todavia, é importante ressaltar também os fatores que unem esses três gêneros musicais e que estão presentes nas suas próprias características básicas, como a presença de melodia, ritmo e harmonia. Tais propriedades podem ser diferentemente desenvolvidas e exploradas, executadas por instrumentos ou por vozes, mas são os fundamentos que fazem de um fenômeno sonoro um fenômeno musical.

Além disso, também é possível recorrer a exemplos estrangeiros para destacar outras manifestações musicais que podem ser consideradas folclóricas. Esses exemplos estão ligados a formas de práticas musicais de povos como os pigmeus, os polinésios, os nativos americanos, entre outros, cujas práticas não têm influência de outros estilos musicais e se mantêm fortemente atreladas às suas próprias tradições culturais.

Em alto e bom som

Pela disseminação de sua prática em tantas culturas diferentes, sem dúvida a música é uma das formas mais poderosas de expressão folclórica. Ela acompanha desde as canções de ninar, as brincadeiras de roda na escola, daqueles que ainda são crianças, até mesmo os cerimoniais de sepultamento, nos quais elementos folclóricos podem estar mais ou menos presentes. A música tem presença marcante também nas festas populares, que constituem uma característica permanente de todos os agrupamentos humanos ao longo da história. Estas marcam a passagem de um período para o outro, com a função de dividir o tempo corrente em ciclos, e estão ligadas principalmente às

> estações do ano e às posições dos astros no céu. Tais festas assumiram um papel cada vez mais importante no seio das religiões, com um sentido de religação entre os povos e os seus deuses. Também, passaram a ter um sentido "mágico", por meio do qual se agradecia pela colheita e se pedia por fartura na próxima ou se expurgavam os pecados da vida cotidiana (Megale, 1999).

Com o tempo, esses ritos ganharam cada vez mais complexidade, com lugares, períodos e características próprias, mas os elementos sonoros, percussivos ou vocais sempre estiveram presentes, com elementos de dança. Nesse sentido, o Brasil deve grande parte de suas festividades à influência do cristianismo e, especialmente, do catolicismo. Entre os principais marcos comemorativos nacionais, estão o Natal, a Folia de Reis, a Sexta-Feira da Paixão, a Páscoa, o Pentecostes e o *Corpus Christi*, baseados no calendário lunar. Dentro dos ciclos de festas populares com presença marcante da música, podemos citar também o Carnaval – com as escolas de samba, os blocos, o frevo – e as festas juninas.

No Brasil, a presença da música é marcante também nas manifestações religiosas de origem africana. Entre os ritos com maior disseminação, estão o candomblé e a umbanda, sendo que outras formas de expressão podem ser encontradas em diferentes regiões do Brasil. Em relação à cultura africana, existe um forte sincretismo, resultado de um processo de miscigenação com a tradição religiosa portuguesa.

Se ligue na batida!

A palavra *sincretismo* designa uma síntese, ou fusão, de distintas manifestações religiosas. No Brasil, podemos citar como exemplo a chegada dos escravos negros ao território e a proibição da prática de seus cultos. Assim, alguns santos católicos foram relacionados aos orixás, possibilitando uma "sobrevivência" da cultura africana e das suas práticas religiosas. Como exemplos, referimo-nos aos casos de Iemanjá, Oxalá etc.

O sincretismo religioso não esteve presente somente na cultura afro, mas também na cultura nativa. Entre as manifestações indígenas, podemos citar a pajelança, na qual a música ocupa um ponto central dentro do ritual. Trata-se de um rito praticado na Região Amazônica, voltado à figura do pajé. Os elementos que marcam essa manifestação são as músicas e as danças no processo de possessão do pajé, que porta uma maracá, instrumento sagrado do ritual.

Esses são alguns exemplos de como a música está presente em diferentes manifestações, observando como sua prática está invariavelmente ligada à dimensão coletiva. Por essa razão, a música folclórica foi amplamente utilizada como fonte de inspiração para outros estilos musicais, mostrando seu poder de alcance em relação ao estímulo artístico e à potencialidade de significados que carrega (Carpeaux, 2001).

1.5 Folclore musical: abordagem metodológica da disciplina

Não podemos perder de vista que, apesar de todos os acréscimos das diferentes disciplinas que nos permitem conhecer, refletir e aprofundar os estudos sobre o folclore, ele é algo material. O folclore é composto por pessoas produtoras registros que devem ser levados em conta na sua abordagem. As roupas, os instrumentos, os textos literários, as músicas e a própria manifestação folclórica em si são atividades que tornam o folclore um fenômeno empírico, vivo e dinâmico, inserido em seu contexto, sem esquecer seu passado.

Essa concepção do folclore como uma forma de produção social dentro de um quadro cultural perpassa este livro. Sobre o papel da cultura em uma sociedade, utilizamos o conceito de Geertz (1989, p. 5), o qual considera que "o homem é um animal suspenso em teias de significado que ele mesmo teceu, entendendo a cultura como sendo uma dessas teias, e sua análise, portanto, como sendo não uma ciência experimental em busca de leis, mas uma ciência interpretativa em busca de significados".

Assim, também consideramos que as manifestações folclóricas estão inseridas na cultura popular, sendo um aspecto de sua existência. Ou seja, as manifestações folclóricas são formas de expressão artística que emanam da consciência humana – individual e coletiva – em determinado contexto social. Isso faz com que seja necessário também atentar para os fenômenos folclóricos em si e para o que eles objetivam expressar.

Com base nesse conceito, abre-se uma concepção fenomenológica sobre o estudo do folclore, que também está presente neste trabalho. Para Freyre (2006), o estudo desses fenômenos populares permite desvelar um conhecimento muito mais profundo sobre as características sociais e mesmo psicológicas de um povo.

Nessa fundamentação metodológica, recorremos, também, em parte, às ideias de pesquisadores como Ribeiro (1969) e Ramos (1951). Os trabalhos desses autores lançaram luz sobre questões subjetivas que envolvem os indivíduos e as coletividades e nas quais aspectos emocionais e mesmo inconscientes estão presentes. Os aspectos subjetivos poderiam integrar os sonhos e as crenças repassadas de geração em geração por meio dos contos e dos mitos. A esse respeito, Ramos (1951) sintetizou a ideia de que o folclore se compõe de valores pré-lógicos, superstições e mesmo formas de sobrevivência.

Esse olhar sobre os elementos subjetivos permite, também, perceber a existência de manifestações folclóricas parecidas, mas que não têm exatamente o mesmo nome, em localidades diferentes. Além de manifestações que têm o mesmo nome, mas não a mesma prática. Isso pode ocorrer em um espaço delimitado, por exemplo, em um estado ou em uma cidade, acrescentando um elemento de complexidade às descrições e às análises dessas manifestações folclóricas. Estar atento aos elementos subjetivos presentes nas manifestações folclóricas é valorizar todas as nuances contidas em suas práticas.

A própria concepção proposta por Ayala e Ayala (2003) permite lançar mão da fenomenologia como base metodológica no estudo das manifestações populares. Isso se deve ao fato de considerarem que "em outras palavras, desde a coleta até a interpretação final o estudo é direcionado pelas perspectivas adotadas pelo pesquisador"(Ayala; Ayala, 2003, p. 55).

Justamente pelos aspectos subjetivos envolvidos em uma disciplina como o folclore musical recorremos à fenomenologia hermenêutica como principal aporte metodológico para esta obra. Para oferecer as premissas que fundamentam teoricamente o presente estudo, apresentaremos algumas considerações de autores clássicos sobre a fenomenologia.

O conceito de fenomenologia nasceu com Immanuel Kant (1724-1804) e foi desenvolvido em quatro obras densas, intituladas *Crítica da razão pura*, *Crítica da razão prática*, *Crítica à faculdade do juízo* e *Metafísica dos costumes*. Kant propôs, por meio desses textos, que a capacidade humana de conhecer a realidade integral do mundo é limitada. Por isso, o ser humano é capaz de apreender apenas aspectos que são acessíveis a seu intelecto. Não sendo possível acessar o conhecimento em toda a sua integralidade, a consciência humana apreende apenas os fenômenos que são acessíveis pelos sentidos, processando esses estímulos como representações (Scruton, 1983).

Essa perspectiva de estudo sobre o conhecimento humano foi retomada por Edmund Husserl (1859-1938), que deu ênfase aos estudos dos "fenômenos" em uma abordagem diferente da de Kant. Husserl acreditava que, através de uma atividade reflexiva, nossa consciência apreende a essência de nossas percepções por meio dos sentidos. Para o filósofo, nossas percepções sensíveis são processadas em nossa consciência e, graças a um exercício reflexivo, são extraídas as essências do que é apreendido pelos sentidos.

A essa atividade, Husserl (2006, p. 26) concedeu-lhe justamente o nome de *essência intencional*. Como mencionado, para Kant, o ser humano não é capaz de absorver a integralidade do elemento de sua percepção, mas apenas uma parte dele. Kant conceituou isso como uma limitação de acesso ao "objeto em si". Assim, o ser humano só seria capaz de ter acesso aos fenômenos, ou seja, às suas formas de representação (Kant, 1993).

Por sua vez, Husserl defendia a ideia de que, após um processo reflexivo, nossa consciência absorve o objeto em sua essência. Isso possibilita o acesso a uma essência do objeto em si. Como explica Bernet (2012, p. 413):

> Os 'fenômenos' analisados por sua 'fenomenologia' serão sempre dados vividos pela consciência, mesmo que esta venha a mudar de estatuto mais de uma vez. Da mesma forma, o que se manifesta nesses fenômenos da consciência intencional permanecerá uma 'objetividade', quer ele seja um objeto lógico ou um objeto de percepção sensível, quer ele seja um objeto temporal ou um ideal.

Todas essas concepções oferecem conceitos que fundamentam metodologicamente o presente livro, levantando a importante questão sobre o nosso poder de interpretar os "objetos de percepção" assimilados por meio dos sentidos. Nosso intuito nesta obra não é descrever um objeto "em si", mas abordar os temas relacionados ao folclore musical de forma profunda e reflexiva. Para isso, um dos autores que contribuiu metodologicamente para o aprofundamento dos aspectos interpretativos e reflexivos da fenomenologia foi Martin Heidegger (1889-1976).

Em alto e bom som

A abordagem dos fenômenos a partir dessas duas teorias (Kant e Husserl) oferece um meio de aproximação do tema que nos possibilita atentar à sua estrutura de existência. Se, por um lado, o estudo do folclore é demasiadamente complexo para oferecer uma síntese integral de suas manifestações, por outro, pode apontar algumas características que mostram a essência de sua existência. Mas para alcançar uma compreensão mais profunda do tema, exige-se um exercício interpretativo de sua existência. Por isso, em complemento à fenomenologia, a hermenêutica será uma abordagem que perpassará toda a construção desta obra, recorrendo às concepções de Martin Heidegger (2006).

Dando sequência a essa linha de estudo, Heidegger (2006, p. 67) considerou que os fenômenos "constituem, pois, a totalidade do que está à luz do dia ou se pode pôr à luz [...]". Em síntese, um objeto mostra faces diferentes através da incidência da luz e da perspectiva de quem o observa. Sob essa ótica, para Heidegger (2006), a construção do conhecimento também ocorre por meio desse processo. Em síntese, o estudo da fenomenologia trata de analisar e refletir esses diferentes ângulos que se mostram de um mesmo objeto. Além disso, este estudo também se apoia em Heidegger pelo fato de o autor avançar ainda mais em relação à abordagem do estudo sobre os "fenômenos".

Nessa perspectiva, consideramos o folclore, entre outras coisas, como um meio de expressão e transmissão de conhecimentos e valores. Por essa razão, abordar os elementos presentes nas manifestações folclóricas é, também, interpretá-las na busca de sua essência. Em virtude disso, recorremos ao conceito de "interpretação" de Heidegger, segundo o qual "o compreender apropria-se do que compreende" (Heidegger, 2006, p. 209). Dessa forma, o conceito de "apropriar-se" aponta para um exercício de construção intelectual, no qual seu resultado é a compreensão do fenômeno. A esse processo de construção de conhecimento Heidegger chama de "interpretação" (2006, p. 209).

 Em alto e bom som

Ao adotar o conceito de interpretação proposto por Heidegger (2006), transcendemos o estudo dos fenômenos folclóricos e suas relações com os contextos sociais, econômicos e políticos para também os interpretar e, assim, melhor os compreender. Como Heidegger (2006, p. 223) sintetiza, "o melhor guarda em si a possibilidade de interpretação, isto é, de uma apropriação do que se compreende". É nesse sentido que a abordagem da disciplina também compreende o caráter hermenêutico, ou seja, interpretativo que perpassará toda esta obra.

Essa abordagem metodológica possibilita levar em conta as subjetividades existentes na estrutura de nascimento e nas transformações das manifestações folclóricas, sem perder o rigor de suas relações com os contextos históricos e sociais de sua existência. Uma abordagem fenomenológica-hermenêutica permite trazer à luz as essências das problemáticas relacionadas ao folclore sem perder o caráter científico da disciplina.

Resumo da ópera

Neste primeiro capítulo, apresentamos os principais conceitos que constituem as reflexões abordadas neste livro, dentre eles, o debate entre as relações de cultura, tradição e folclore. Também fizemos algumas reflexões sobre as condições sociais de produção cultural folclórica e o seu caráter coletivo como forma de expressão. Em relação às manifestações artísticas que emanam da cultura popular, discutimos seus aspectos subjetivos, levando em conta que sua principal forma de transmissão se deu pela oralidade. Por fim, desbravamos as relações entre as artes em geral e o folclore, para finalmente adentrarmos em suas relações com a música.

Seguimos tratando das manifestações folclóricas nacionais considerando a importância do processo de miscigenação cultural portuguesa, indígena e negra. Também abordamos questões referentes à transmissão das manifestações folclóricas como forma de atender às necessidades e às funcionalidades das sociedades de acordo com os diferentes contextos. Especificamente sobre a relação entre os contextos sociais e as manifestações folclóricas, vimos que as diferentes metodologias abrem variadas perspectivas sobre o tema, o que nos permite ampliar as possibilidades de abordagem em relação ao folclore musical e ao seu papel, com base em cada momento histórico e sociedade. Observamos também que, para falar de contextos sociais, precisamos estar atentos às diferentes camadas em que eles se dividem, bem como a seus processos de transformação.

Posteriormente, a música foi o principal quesito a ser aprofundado por meio de reflexões sobre a sua relação com o folclore.

A esse respeito, argumentamos sobre a necessidade de levar em conta os processos de colonização e miscigenação, além de aspectos geográficos e de desenvolvimento cultural, para compreender melhor seu papel e sua presença em nossas vidas.

Na última parte do primeiro capítulo, apresentamos uma abordagem metodológica fundamentada na fenomenologia hermenêutica. Através da apresentação de conceitos, debates e reflexões, tal análise partiu de uma perspectiva sobre o fenômeno a ser discorrido, isto é, o folclore. Em seguida, a assimilação e a intepretação desses fenômenos, por meio de um exercício hermenêutico, auxiliaram a explorar questões objetivas e subjetivas sobre o tema, possibilitando a introdução das principais problemáticas que envolvem o estudo do folclore musical.

Teste de som

1. Quem foi o primeiro estudioso a utilizar o termo *folclore*?
   a) Jean-Jacques Rousseau.
   b) Bronislaw Malinowski.
   c) Georg Wilhelm Friedrich Hegel.
   d) William John Thoms.
   e) Friedrich Nietzsche.

2. Como Megale define o estudo do folclore?
   a) "Como a ciência que estuda as manifestações artísticas populares".
   b) "Como a ciência que estuda as manifestações do saber em geral".

c) "Como a ciência que estuda as manifestações sociais rurais".

d) "Como a ciência que estuda as manifestações sociais urbanas".

e) "Como a ciência que estuda todas as manifestações do saber popular".

3. Quais são as delimitações para os conceitos de folclore e cultura popular apresentados neste capítulo?
    a) Delimitamos a utilização do conceito de folclore para os fenômenos mais específicos e o conceito de cultura popular, para os fenômenos sociais mais abrangentes.
    b) Delimitamos a utilização do conceito de folclore para os fenômenos mais abrangentes e o conceito de cultura popular, para os fenômenos sociais mais específicos.
    c) Delimitamos a utilização do conceito de folclore para os fenômenos restritos a uma camada social e o conceito de cultura popular, para os fenômenos populares em geral.
    d) Delimitamos a utilização do conceito de folclore para os fenômenos rurais e o conceito de cultura popular, para os fenômenos urbanos.
    e) Delimitamos a utilização do conceito de folclore para os fenômenos urbanos e o conceito de cultura popular, para os fenômenos rurais.

4. Quais foram as três civilizações consideradas como as principais fontes de influência no processo de formação do folclore brasileiro?

a) Indígena, africana e americana.
b) Africana, americana e europeia.
c) Indígena, africana e europeia.
d) Africana, europeia e americana.
e) Indígena, europeia e islâmica.

5. Qual é a principal fundamentação metodológica deste livro?
a) Positivismo.
b) Dialética.
c) Fenomenologia hermenêutica.
d) Empirismo.
e) Materialismo histórico.

Treinando o repertório

Pensando na letra

1. A influência folclórica da sua região está ligada às culturas portuguesa, indígena e negra ou é herdeira de outra fonte cultural? Você saberia explicar a origem das principais manifestações folclóricas de sua região?

2. Você considera que as manifestações folclóricas em sua região estão sendo preservadas?

Som na caixa

1. Elabore uma lista com as principais manifestações folclóricas da sua região, descrevendo qual é o papel da música na prática delas.

Capítulo 2
A MÚSICA E OS MITOS: OS SONS COMO EXPRESSÃO POPULAR

Neste segundo capítulo, trataremos das relações entre a cultura e as tradições, a origem de seus conceitos e as transformações de seus sentidos ao longo da história. Também apresentaremos um resgate histórico sobre as diferentes correntes de pensamento e as suas concepções sobre o papel da música. Na primeira seção, apresentaremos os sons nas antigas civilizações, e, na segunda, discutirmos sobre a Grécia Antiga como o berço cultural do Ocidente e sobre o papel da música nesse contexto histórico.

Na terceira seção, explicaremos a ascensão do cristianismo e as transformações culturais e filosóficas que levaram a mudanças em relação à música e ao seu espaço dentro da sociedade europeia. Na quarta, abordaremos o nascimento do romantismo e o surgimento de uma nova concepção de cultura, que abriu novos campos de pesquisa sobre as manifestações culturais populares. Por fim, na quinta seção, comentaremos sobre as relações entre o ideal romântico e as origens do conceito de folclore no Brasil.

2.1 A paisagem sonora e os "sons dos deuses"

Quando falamos sobre folclore, é praticamente impossível não recorrer a outros conceitos, como os de tradição e de cultura. Por isso, procuraremos delimitar de forma clara as origens desses dois conceitos, para compreendermos melhor como o folclore está intimamente ligado a eles.

Como explica Biasi (2008), a palavra *tradição* é herdeira do verbo latino *tradere*, que tem o sentido de "transmitir", "ensinar" e "entregar". Assim, a tradição trata do ato de transmitir conhecimentos, práticas, hábitos e crenças de uma comunidade, sociedade ou família, de geração em geração. É por meio da tradição que a memória de um povo se perpetua, bem como de seus símbolos e suas produções materiais. Nesse plano, o folclore mantém-se como uma forma de tradição, em que os conhecimentos são transmitidos por diferentes manifestações, como a música. Mas tradição e folclore são elementos presentes dentro de um quadro mais abrangente de uma sociedade: a sua cultura.

Biasi (2008) explica que a palavra *cultura* vem do termo latino *colo*, ou seja, *o que deve ser cultivado*. A adição da terminação *ura* dá à palavra um sentido de ação futura, ou seja, desse modo, a cultura significaria a perspectiva de algo que será cultivado. Isso se alinha à ideia de Santos (2006), explicada por Biasi (2008, p. 19), que caracteriza:

> A origem do conceito de cultura vem do riquíssimo verbo latino *colo*, que tem o sentido original de "cultivar", de "cuidar de", "tratar de", "querer bem", "ocupar-se de", "adornar", "enfeitar". Depois vem o sentido de "civilização", de "educação" e, também, o sentido de "adorno", "moda", "decoração".

O termo *cultura* não trata apenas do que é repassado, mas também daquilo que necessita ser perpetuado para a manutenção de uma sociedade ou a sobrevivência de um povo. Sendo assim, tradição e folclore estão inseridos dentro do quadro cultural como formas de conhecimento que são transmitidas de geração em geração. Por essa razão, todas as formações sociais possuem uma cultura que as sustenta com conhecimentos e valores.

Uma das características de uma cultura é a presença de mitos, ou seja, histórias que se perpetuam e formam as características e os valores de determinada sociedade. Como explica Megale (1999, p. 49):

> Mito é a ação constante e individualizada dos seres e de coisas que se dão no céu e na terra. O mito transfigura os seres e os fenômenos naturais transformando-os em totens e tabus. Num sentido mais amplo o mito tanto se refere a personagens sobrenaturais, [sic] como a objetos extraordinários ou regiões fantásticas, que existem na mentalidade de tribos e povos. Eles sempre contêm símbolos de sentido oculto ou manifesto, que coordenam os anseios e temores humanos.

A relação entre a cultura, a tradição e as manifestações folclóricas nessa forma de narrativa trazida por Megale (1999) permeia estas últimas, com o papel de disseminar elementos ligados aos mitos fundadores de determinada cultura. Cada tipo de sociedade tem aspectos culturais próprios, bem como mitos, tradições e manifestações folclóricas particulares. Esses elementos podem muito bem se misturar às culturas de outras sociedades no decorrer da história. Podemos apontar, então, um fenômeno interessante que relaciona os conceitos de cultura, tradição e folclore a um outro aspecto, a saber: o papel dos sons em cada sociedade. As manifestações folclóricas contam com um tipo de estrutura presente em todas as suas formas de existência, fazendo com que a forma como diferentes povos entendem os sons seja variada. As funcionalidades dos sons estão presentes em todos os povos, não só como elementos musicais que acompanham as manifestações populares, mas também como representações que muitas vezes fazem parte do universo simbólico – e mitológico – das diferentes culturas.

A esses sons Schafer (1991, p. 26) denominou "sons fundamentais". O autor ainda explica que o som fundamental

> É a nota que identifica uma escala ou a tonalidade de determinada composição. É a âncora, ou som básico, e, embora o material possa modular à sua volta, obscurecendo a sua importância, é em referência a esse ponto que tudo o mais assume o seu significado especial. Os sons fundamentais não precisam ser ouvidos constantemente; eles são entreouvidos, mas não podem ser examinados, já que se tornam hábitos auditivos, a despeito deles mesmos. (Schafer, 1991, p. 26)

Dentro de um quadro hipotético, Schafer (1991) sugere que a relação entre os sons e a conduta humana é perene na história da civilização. Para exemplificar essa afirmação, o autor apresenta a analogia de como o som do trovão simbolizou a manifestação dos poderes celestiais. Para Schafer (1991), os sons fundamentais fazem parte do ambiente geográfico natural, como os sons das águas, do vento, dos animais etc. Estes, muitas vezes, acabam oferecendo um significado cultural que transcende sua manifestação natural simples. Schafer (1991) chamou todo esse contexto sonoro no qual vivemos, com sons – naturais ou não – que fazem parte de nosso cotidiano e de nossas vidas, de *paisagem sonora*. O autor ainda aprofundou a questão sobre os sentidos dos sons com o conceito de significado arquétipo, por meio do qual se incita que os sons naturais podem simbolizar diferentes sentidos sobrenaturais. Com o desenvolvimento das sociedades, os sons transformaram-se em elementos intimamente ligados a fatores como a religião, por exemplo. Esse processo deu origem àquilo que hoje se entende por música, ou seja, a elaboração e a organização dos sons.

Essa abordagem pode sugerir outra cadeia de relações entre os sons, a música e os seus papéis dentro de diferentes culturas. Como explica Miranda (2002, p. 21):

> Apenas os ruídos são obras da natureza, todos os sons musicais estão inteiramente condicionados ao homem e, consequentemente, ao seu grupo cultural. Os instrumentos musicais mais primitivos trazem a marca visível do sacrifício da natureza pela mão humana: são flautas feitas de ossos, cordas de intestinos, tambores feitos de pele, trompas e cornetas construídas de chifres de animais. Tais instrumentos são testemunhos sangrentos da vida e da morte, da natureza transformada pelo homem, visando o gozo estético – por mais ritualista e funcional que seja a música primitiva, o rito é praticado, arrebatando os participantes através de um encantamento que certamente provoca prazer.

Como consequência, os papéis dos sons e da música de cada povo estão diretamente ligados à sua cultura e às suas tradições. Contudo, é importante lembramos que na origem de toda cultura estão os elementos místicos e religiosos que unificam e constituem as formações sociais ao longo da história. Se atualmente é possível falar em indivíduos e instituições laicas, no passado toda a formação social tinha como base a religião, sendo esta, também, o primeiro grande elemento cultural das grandes civilizações ao longo da história da humanidade.

Segundo Gevaert (1875), os mesmos elementos musicais primitivos estão presentes em três grandes civilizações antigas: os hebreus, os árabes e os helênicos. Entre as características compartilhadas por essas culturas, estava o elemento místico da música. A esse respeito, Pahlen (1963) apresenta alguns exemplos históricos sobre o poder "mágico" da música quando esta remete a figuras bíblicas como Davi, que tocava sua lira para que o Rei Saul conseguisse dormir, ou a episódios como a queda das muralhas de Jericó ao som das trombetas do exército judeu.

Como o próprio Pahlen (1963) complementa, a música sempre agiu sobre o indivíduo e as massas, com participação marcante nas festas, nos cultos e nas revoluções. No seio das grandes civilizações, o papel da música estendeu-se desde os nobres sentimentos à elevação da concentração e, até, ao estímulo da sensualidade. Essa característica também está presente na música dentro das manifestações folclóricas.

Dessa forma, podemos considerar o papel da música dentro das manifestações folclóricas como um fenômeno dialético, fruto da relação entre uma produção "espiritual", ou subjetiva, e sua presença material no mundo, ou presença objetiva. Por isso, as formas artísticas são um dos meios mais disseminados de folclore, justamente pela sua capacidade de sintetizar símbolos subjetivos, ou "espirituais", e uma manifestação concreta (Hegel, 2001). Isso faz com que em algumas manifestações folclóricas musicais possam existir elementos como harmonia, melodia, ritmo, instrumentos etc. Porém, o mais relevante nessa perspectiva é a possibilidade de transmissão de uma série de mensagens, símbolos e conhecimentos com base em sua composição e produção. São esses símbolos que integram as culturas de civilizações e sociedades, sendo transmitidos de geração em geração por meio da tradição. O processo de criação e transmissão de conhecimentos, símbolos e valores pelos sons e pela música é um elemento constituinte da existência humana, presente em toda a sua história. Em contrapartida, apenas recentemente o processo de criação e transmissão de manifestações populares foi conceituado como pertencente ao folclore de uma sociedade.

Para entender melhor a relação entre cultura, tradição e transmissão de conhecimentos por meio dos sons e da música, faz-se necessário retomar as origens da civilização ocidental e observar como, já naquele período, a música tinha um papel importante nesse processo.

2.2 A Grécia Antiga e a música de Apolo e Dionísio

A Grécia Antiga serviu de fonte inspiradora para os mais diversos segmentos do conhecimento. A arquitetura e a escultura são exemplos de campos que foram influenciados diretamente pela concepção da escola artística helênica. Porém, é preciso levar em conta as diferenças entre a música e as outras manifestações artísticas helênicas considerando a vida e o pensamento da Grécia Antiga.

A música estava ligada à prática religiosa e mitológica, no culto dos deuses Apolo e Dionísio. Nessa época, distintas manifestações artísticas relacionavam-se intimamente e a música tinha um sentido mais amplo. Poesia, dança e música constituíam uma atividade única, na qual a ideia da fragmentação em diferentes campos ainda não se fazia presente (Gevaert, 1875).

Gevaert (1875) enumera as artes gregas em duas tríades: arquitetura, escultura e pintura como artes plásticas; teatro, música e dança como artes musicais. Segundo o autor, cada uma dessas tríades tinha uma mesma natureza, constituindo uma unidade de existência. Em relação à música, esta deveria, com a dança e a expressão corporal, formar uma única manifestação mística poderosa para o culto aos deuses (Gevaert, 1875).

Como explicam Grout e Palisca (1995), a música foi elemento marcante no teatro grego, nas obras de Ésquilo, Sófocles e Eurípedes, com a participação de corais e diferentes instrumentos musicais. A música também se fez presente na literatura, como o registro da memória de toda uma civilização por meio dos cânticos inseridos nas narrativas de Ulisses (Grout; Palisca, 1995). Também podemos lembrar que a música, em algumas civilizações mais antigas, tinha o objetivo de levar o ouvinte a um estado diferenciado de percepção, uma espécie de "transe", o qual proporcionaria algum tipo de mudança em seu comportamento ou sobre suas emoções (Mann, 1987).

A música grega, por estar relacionada à palavra e à dança, não esteve presente somente nos cultos religiosos, embora pesquisadores como Quintão (2007) considerem que o sentido religioso perpassava todas as atividades da sociedade helênica. Por esse motivo, a música também esteve presente no teatro e nos grandes concursos públicos (Grout; Palisca, 1995).

As primeiras constituições de Atenas e Esparta possuíam leis específicas sobre a música. Determinados governos proibiam alguns tipos de música, justamente pela influência que poderiam exercer sobre os cidadãos (Pahlen, 1963). O próprio conceito de música é derivado do termo *musa*, que se referia às nove deusas irmãs que representavam as artes e a ciência. Por isso, a música estava ligada a todas as atividades que se relacionavam à verdade e à beleza.

Na própria mitologia grega, a prática musical era relacionada ao culto a Apolo e a Dionísio, representando determinados comportamentos e estados emocionais. A música apolínea acalmava e elevava o espírito; já a dionisíaca excitava e entusiasmava (Nietzsche, 2007).

Todas essas concepções acerca da música, na Grécia Antiga, podiam ser percebidas na ideia de *nomos*. Dessa forma, houve a equiparação entre a música e a moralidade, sendo a prática musical considerada um elo entre o humano, o divino e o eterno.

 Se ligue na batida!

A palavra *nomos* sintetizava a relação entre a música e a lógica. Na Grécia Antiga, esse conceito representou as leis morais, sociais e políticas do Estado (Menuhin; Davis, 1981).

Como consequência de toda essa carga simbólica presente na prática musical, a música tornou-se um elemento de transmissão de valores. Com a ideia estabelecida sobre as relações entre a música e o ser humano, sua prática perpetuou-se por meio da doutrina do etos, a qual se baseou tanto nas teorias pitagóricas como na própria ideia cosmológica da realidade, em que todos os elementos presentes na vida humana se relacionam mutuamente.

Assim, a música adquiriu um sentido abrangente no mundo helênico, e a possibilidade de utilizá-la como meio de transmissão de conhecimentos ganhou espaço no pensamento das figuras mais importantes desse período. Pitágoras (c. 570 a.C. - c. 495 a.C.) inaugurou o estudo das características sonoras no plano matemático; Platão (c. 428 a.C. - c. 347 a.C.) deu à música um papel fundamental na formação dos cidadãos para a *polis*; e Aristóteles (384 a.C. - 322 a.C.) preocupou-se em demonstrar as relações entre sons e sentimentos (Mann, 1987). Na interpretação de Grout e Palisca (1995), Platão e Aristóteles, de certa forma, estavam alinhados à ideia de um sistema público de educação baseado na música e na ginástica, por meio do qual a primeira seria responsável pelo desenvolvimento do espírito e a segunda, pelo desenvolvimento do corpo.

Também é importante apontar que Platão e Aristóteles pensavam o papel da música em aspectos diferentes. Em Platão, a música está inserida em sua teoria idealista. Disso decorre que as regras das artes seriam fixas e imutáveis, pois suas transformações levariam à anarquia e à libertinagem. Na música, seus principais elementos, o som e seu tempo de duração são baseados nas estruturas matemáticas relacionadas ao ritmo e à harmonia. Nos livros *Timeu* e *República*, Platão expõe essas concepções no plano filosófico e, juntamente, o papel da música na educação.

Em *República*, Platão defende a ideia do equilíbrio entre as práticas da ginástica e da música. Esta deveria preceder àquela, pois a alma deveria formar o corpo, e não o contrário (Menuhin; Davis, 1981, p. 37). A ideia marcante presente no pensamento de Platão sobre a música refere-se à capacidade de ela estimular comportamentos e sentimentos nobres ou degenerados. Essa capacidade deveria ser utilizada na educação para o estímulo aos bons comportamentos. Portanto, a música teria um papel fundamental no contexto educacional, exercitando a formação da sociedade do seu Estado-ideal (Platão, 1988).

Já para Aristóteles, a ideia da influência da música no comportamento humano está inserida na sua doutrina da mímesis – ou da imitação. A sensibilidade humana seria influenciada pelos elementos sonoros e, assim, os estados emocionais se alinhariam à música executada. Essas teorias em relação à música estão presentes nos livros *Política* e *Poética*. Em *Política*, a ideia de relação entre a música e o comportamento humano é menos rigorosa do que para Platão. Aristóteles trata os ritmos e as estruturas harmônicas como fonte de divertimento e prazer intelectual. Contudo, aborda o papel da música com algumas reservas, criticando os concursos de tocadores de instrumentos, que tiveram grande popularidade a partir do século V a.C. Com a grande expansão da prática instrumental, cresceu também o número de especialistas na execução dos diferentes instrumentos musicais. Para Aristóteles, essa especialização era uma limitação intelectual, já que, para o filósofo, a principal capacidade humana era o desenvolvimento do intelecto por meio da atividade reflexiva, tendo a música um papel importante, mas não o principal (Aristóteles, 2004).

Todavia, a teoria aristotélica que mais influenciou a prática musical está presente na obra *Poética*. Como explicam Grout e Palisca (1995), com base na análise aristotélica de como diferentes discursos podem persuadir diversos tipos de audiências, músicos de todos os estilos e épocas posteriores, de certa forma, tentaram aplicar essa ideia em suas atividades de composição musical. O estudo de como as estruturas rítmicas e harmônicas poderiam ser compostas, objetivando estimular sensações e emoções específicas às pessoas, deu origem à teoria dos afetos. Esta se refere a mais uma demonstração da maneira pela qual a ideia da música como elemento de influência da conduta e das emoções humanas esteve presente desde o início da formação cultural do mundo ocidental (Grout; Palisca, 1995).

Em relação à preservação dos registros dessas práticas no campo musical, existem algumas diferenças em relação às outras artes helênicas. Diferentemente das artes plásticas e da arquitetura, pouco restou dos registros originais da prática musical do período helenístico, por duas razões principais. Uma delas diz respeito ao fato de que a transmissão do conhecimento, inclusive musical, era realizada oralmente, com número reduzido de registros materiais. A outra razão foi o fato de que a prática musical herdada do período romano estava ligada a práticas sociais, como festas e bacanais, repudiadas veementemente pela igreja cristã primitiva (Carpeaux, 2001). Com o advento do cristianismo, gradativamente, a igreja absorveu muitos elementos da cultura grega. O desenvolvimento da filosofia escolástica, com filósofos como Santo Agostinho, João Duns Escoto e São Tomás de Aquino, esteve permeado de ideias platônicas e aristotélicas (Durant, 1996). No campo da música, também existiu a influência da cultura grega clássica, não só em relação à sua concepção e à sua composição mas também ao seu papel e à sua forma de transmissão no seio da sociedade medieval.

2.3 O sagrado e o profano: a Idade Média e a cisão musical ocidental

A queda do último imperador romano, Rômulo Augusto, no ano de 476, é considerada o marco inicial do período medieval. A partir desse ponto, a religião cristã espalhou-se de forma decisiva pela Europa e a Igreja Católica tornou-se o principal elemento no processo de formação de uma nova cultura. Por meio desse processo, novas manifestações culturais floresceram, entre elas, a música. No contexto católico, o surgimento da prática musical foi um herdeiro dos antigos coros praticados pelos povos gregos.

O primeiro estilo musical que se estabeleceu na Igreja veio a ser conhecido como *cantochão*. As origens deste são de difícil acesso, pois o mais provável é que sua prática tenha ocorrido a partir de uma grande mistura de outros tipos de canto. Porém, Carpeaux (2001, p. 19) explica que "sem dúvida, escondem-se nas melodias do cantochão fragmentos dos hinos cantados nos templos gregos e dos salmos que acompanhavam o culto no Templo de Jerusalém. Não podemos, porém, apreciar a proporção em que esses elementos entraram no cantochão"

Essa influência ganhou ainda mais força a partir do Renascimento, com o resgate sistemático da cultura do mundo greco-romano. As bases para o ensino e a prática do cantochão foram dadas por Gregório I (540-604), tentando unificar o coro eclesiástico utilizado nos serviços religiosos da Igreja Católica.

Com o objetivo de oferecer um instrumento unificador das práticas católicas, o cantochão transcendeu a simples função de acompanhar as celebrações religiosas para tornar-se, de fato, um elemento fundamental ao desenvolvimento do cristianismo no

Ocidente. Especificamente sobre o seu lugar nas práticas musicais da Igreja, o canto gregoriano assumiu, também, o papel de um meio de transmissão e inculcação da liturgia religiosa.

Essa perspectiva é exposta por Bugnard (2013), para quem o canto gregoriano foi uma ferramenta pedagógica fundamental no período da Idade Média. Segundo a perspectiva do autor (Bugnard, 2013, p. 67, tradução nossa):

> por trás do nome 'canto gregoriano', e é na referência a este nome que eu digo 'plano de estudo gregoriano', esconde-se um verdadeiro dispositivo educacional, desenvolvido progressivamente entre o oitavo e o décimo primeiro século. E, sem dúvida, não é irreverente abordar, sob este ângulo, o gênero alimentador da música ocidental, ou seja, ir além do sentido sobre o qual logicamente o senso comum chega, para melhor entender a dimensão litúrgica de 'obra pública', de 'cerimônia', que ela recebe primeiro.

Baseado e elaborado de acordo com o ano litúrgico, o canto gregoriano servia como um roteiro cujos objetivos eram a memorização e a transmissão do conteúdo bíblico. Desde o "canto" da oração dos povos de descendência mosaica – judeus, cristãos e muçulmanos –, que foi conceituado como "salmodiação" – derivado dos Salmos –, até os sons dos sinos, passando pelo canto gregoriano, todos esses fenômenos sonoros, de alguma forma, foram meios de transmissão de conhecimento (Bugnard, 2013). Além disso, tiveram lugar fundamental no contexto da sociedade medieval como meio de transmissão de uma cultura que nascia e se transformava. Os sons tornaram-se mais uma vez elementos intimamente ligados à religião, como componentes simbólicos de transmissão que tinham o objetivo de perpetuar uma mensagem – que, no caso do Ocidente, era o evangelho cristão e a doutrina da igreja.

Sob esse olhar, o canto gregoriano foi um elemento de perpetuação cultural fundamental durante a Idade Média. Uma de suas características corresponde à sua origem como herdeiro do exercício de salmodiar as orações bíblicas, dos fragmentos de cânticos helênicos ou da necessidade de se apresentar o discurso religioso de maneira unificada. O papel do canto gregoriano foi de primeira ordem, em um contexto em que a sua disseminação se dava prioritariamente pela transmissão oral do conhecimento. Em relação às práticas do canto gregoriano, seus registros são inúmeros. Entre eles, estão os manuais que se espalharam por mosteiros e museus e pelo próprio desenvolvimento da notação musical a partir de Guido D'Arezzo (992-1050).

Paralelamente às práticas musicais litúrgicas, existem também os registros das formas profanas de música. Segundo Carpeaux (2001, p. 21), essa outra forma musical se tratava, na verdade, de uma força "subversiva", na qual

> o sentido religioso e profano compunham o mesmo poema cantado e acompanhado de instrumentos de cordas e percussão.
> Se a forma do canto litúrgico havia sido transmitida oralmente até ser adotada de forma sistemática pela Igreja Católica, a música dos trovadores também era transmitida de forma oral, fora dos espaços religiosos, animando festas em castelos e aldeias.

A música sacra e a profana nunca deixaram de se desenvolver e de se influenciar mutuamente, encontrando ainda mais espaço no serviço religioso a partir da Reforma Protestante. Martin

Lutero (1483-1546) não abalou apenas a estrutura da igreja cristã no Ocidente, mas também fez da música uma ferramenta fundamental no processo de estabelecimento das igrejas reformadas na Europa. A prática musical tinha sido herdada da Igreja Católica, mas a partir de tal reforma sua utilização disseminou-se entre os fiéis, o que acabou transformando suas características.

Se no contexto da Igreja Católica a música era essencialmente vocal e herdeira da salmodiação, na igreja protestante ela absorveu instrumentos e melodias pagãs, com novas letras que disseminaram o evangelho por meio dessa mistura de elementos sacros e profanos. Justamente por isso, a prática musical foi duramente controlada e até mesmo restrita nas primeiras comunidades calvinistas na Suíça (Schalk, 2006).

O estímulo da prática musical na igreja luterana desde sua origem criou uma ligação religiosa e cultural nas comunidades, mas, a partir da abertura feita por Lutero, a música sacra e a profana mesclaram-se e tornaram-se um exemplo da gradativa transformação das correntes de pensamento na Europa por volta do século XV. Como resultado, a própria reforma protestante foi um desdobramento dessas transformações, e o mundo ocidental passou da Idade Média para a Idade Moderna. Toda essa fase de transformações na Europa ficou conhecida como Renascimento, período em que o monopólio da Igreja Católica sobre o conhecimento perdeu cada vez mais espaço para correntes de pensamento críticas, as quais abarcavam a teologia, as artes, a política e a economia (Schilling, 1957). No plano religioso, Lutero seria o responsável pela grande cisão da Igreja Católica no Ocidente. Já no plano político, Nicolau Maquiavel (1469-1527) lançaria as bases da ciência política, Cristóvão Colombo (1451-1506) descobriria a América, enquanto Nicolau Copérnico (1473-1543) mudaria o conceito de estudo dos astros, ao defender a tese de que a Terra não seria o centro do universo.

Em síntese, a música acompanharia as transformações filosóficas e econômicas, tornando-se, posteriormente, um dos símbolos da ascensão da nova classe econômica europeia: a burguesia. Pela primeira vez, independentemente da classe social, a música estaria ligada a um entretenimento, não importando se sua prática ocorria em um espaço fechado, apenas para aqueles que tinham condições de assistir a uma apresentação, ou em um espaço aberto. Esse quadro deu à música uma posição de popularidade, já que sua prática abarcava desde as classes mais baixas nas festas e nas praças públicas até os palácios e os teatros mantidos pela ascendente classe burguesa que ganhava cada vez mais poder. A partir de então, o quadro cultural europeu foi modificado com a adoção de novos elementos, ideologias e sentidos. As correntes de pensamento acompanharam essas transformações, com uma gradativa laicização do conhecimento, que passou a se constituir, cada vez mais, de elementos racionais e matemáticos.

As modificações dos quadros político, econômico, social e cultural que se desdobrou em fenômenos como o surgimento de uma nova classe social – a burguesia –, a racionalização do pensamento e a Revolução Industrial estabeleceram um novo mundo, com novas problemáticas. A ideia de progresso e de racionalização, em oposição à mística religiosa, disseminou-se e deu origem a uma corrente de pensamento que ficou conhecida como Iluminismo. Este não foi um movimento homogêneo; pelo contrário, contou com diversas linhas de pensamento diferentes.

Todavia, foi responsável por uma grande transformação cultural. A partir do movimento iluminista e da mudança do quadro político europeu, a relação entre sociedade, política e música caminhou gradativamente para um quadro de maior complexidade. A música, que teve relevância fundamental nas práticas religiosas católicas e protestantes, passou a ter um papel importante durante a formação dos Estados modernos. Nesse quadro, ela deixou de ser uma prática proeminente do serviço religioso e passou a servir, também, às revoluções. Um exemplo foi a *La Marseillaise*, símbolo musical da Revolução Francesa e que se tornou o hino nacional francês. Claude Joseph Rouget de Lisle (1760-1836), autor da canção, ficou conhecido como o "compositor da revolução" e entrou para a história francesa como um herói nacional.

 Se ligue na batida!

O Iluminismo foi uma corrente filosófica europeia que se disseminou entre os séculos XVII e XVIII. Teve entre suas principais características a defesa de ideais como a liberdade política e econômica e a racionalização do conhecimento.

Contudo, a música ganharia um lugar de destaque ainda maior na sociedade europeia a partir do século XVIII. Isso ocorreu devido ao surgimento de uma corrente de pensamento crítica ao extremo racionalismo, que ganhou espaço entre os séculos XVI e XVII. Esse movimento ficou conhecido como romantismo. Adiante, abordaremos como tal corrente não foi apenas fundamental para o estudo e a valorização das diferentes culturas, mas, justamente, constituiu-se no movimento que possibilitou a abordagem do folclore como um campo de pesquisa.

2.4 O romantismo europeu: o nascimento do folclore

O romantismo foi um movimento artístico e literário do século XIX que teve como um de seus preceitos fundamentais a oposição às correntes de pensamento de maior influência na Europa até aquele momento. O movimento romântico contrapunha-se ao rigor do pensamento clássico e à extrema racionalização do pensamento iluminista. Como explica Berlin (2015), o país de origem do romantismo foi a Alemanha, a partir de histórias constituídas de formas diferentes de compreender as relações humanas, as suas percepções e os seus sentimentos. O autor reconhecidamente mais inovador dentro desse processo foi Johann Wolfgang von Goethe (1749-1832), com o lançamento do livro *Os sofrimentos do jovem Werther*, escrito ainda no século XVIII. Com uma concepção diferente das angústias humanas, sua forma de escrita deu origem ao movimento chamado *Sturm und Drang* (tempestade e paixão), o qual veio a ser considerado o ponto de partida do romantismo e que se desdobrou em todas as manifestações artísticas desse período na Europa (Berlin, 2015).

Um exemplo do espírito de oposição do romantismo foi sua valorização da natureza e dos fenômenos naturais dentro de uma sociedade marcada pelo violento processo de urbanização e industrialização. A natureza voltava a ser considerada como uma forma de manifestação divina e os fenômenos naturais

representavam os diferentes estados emocionais humanos.
O pôr do sol, as tempestades, o vento, ou seja, cada elemento
era carregado de simbolismos ligados aos sentimentos humanos (Gombrich, 1999). Um exemplo é o quadro de Caspar David
Friedrich (1774-1840), *O viajante sobre o mar de névoa*, no qual
o ser humano é confrontado pelo poder da natureza (Gombrich,
1999). Se os iluministas propunham a valorização da racionalidade
para um verdadeiro "progresso humano", os românticos davam
ênfase ao sofrimento e à melancolia. Essa foi outra oposição proposta pelos românticos, fruto de um tipo de "desencantamento"
com o quadro social do século XIX.

Essas observações nos levam à síntese da grande oposição
proposta pelos românticos: grande valorização das emoções
humanas em contraposição à extrema racionalização. Essa
valorização das emoções, principalmente do sofrimento e da
melancolia, bem como da natureza, e certa nostalgia dos tempos
místicos europeus são exemplos de como os românticos usaram
esses elementos como forma de crítica e oposição ao seu contexto social.

O nascimento e o desenvolvimento do romantismo foram,
de certa forma, influenciados por diferentes pensadores e artistas, ao mesmo tempo que os influenciaram, tendo se manifestado
na filosofia e nas artes de forma pungente. Para nós, um ponto de
oposição promovido pelos românticos foi de suma importância:
a partir do século XIX e do romantismo, abriu-se uma nova perspectiva sobre os conceitos de tradição, cultura e suas formas de
abordagem, possibilitando o surgimento do conceito de **folclore**.

Para entendermos melhor esse processo, retomaremos algumas considerações sobre a cultura na concepção iluminista. Após o século XVIII, a palavra *cultura* começou a ter seu sentido modificado. O sentido anterior de cultura como ação, ou seja, aquilo que deveria ser cultivado – em analogia à cultura da terra – continuou, mas também ganhou nova dimensão. O novo significado passou a abarcar também o que deveria ser cultivado pelo espírito ou pela inteligência, ligando-se a um sentido educativo. Como explica Cuche (2002), o termo começou a permear o vocabulário dos iluministas designando a educação do espírito. Nesse ponto, a palavra deixou de significar uma ação e passou a representar também um estado do espírito, cultivado pela educação e pelo conhecimento. Como explica Biasi (2008, p. 23):

> Desse modo, no século XVIII, o termo cultura é empregado no singular, o que reflete o universalismo e o humanismo dos filósofos: a cultura é própria do Homem, além de toda distinção de povos ou classes. A palavra passa a ser associada às ideias de progresso, de evolução, de educação e de razão que estão no centro do pensamento da época. Daí a aproximação com a palavra civilização, já que cultura evoca os progressos individuais e a civilização os progressos coletivos. Assim, o uso desses termos marca o aparecimento de uma concepção dessacralizada da história. O homem está colocado no centro da reflexão e no centro do Universo.

O conceito de cultura herdado dos pensadores iluministas defendia uma cultura que se pretendia universal, sendo os indivíduos e as sociedades que dela não compartilhassem considerados menos desenvolvidos. A cultura proposta pelos iluministas pregava, ao mesmo tempo, a dessacralização das sociedades e o progresso científico. Esse ideal impôs, de forma inflexível, as concepções iluministas a sociedades em contextos completamente diferentes, como nos territórios coloniais africanos e americanos, além dos contextos rurais europeus. Foi exatamente a propósito da ideia de uma cultura universal que os românticos também se opuseram, abrindo caminho para novas concepções sobre o tema.

Burke (1989) explica que entre os séculos XVIII e XIX a cultura popular ligada ao contexto rural começou a ser afetada pelo processo de desenvolvimento urbano na Europa. Isso provocou um fenômeno totalmente novo, por meio do qual indivíduos das classes urbanas – burguesas – procuravam conhecer as canções oriundas do contexto rural. Entre os exemplos, estão as publicações de Herder e os *Volkslied* (canção popular), compilados entre 1774 e 1778 (Burke, 1989). Fatores políticos e estéticos também levaram ao crescente interesse pela cultura popular. Do ponto de vista estético, houve um movimento crítico que considerava a arte do século XVIII e XIX como frívola e superficial. Junto à busca por uma verdadeira profundidade das manifestações artísticas e seu universo simbólico, estava a necessidade de voltar às formas mais "selvagens", ou seja, mais originárias e populares, de arte. Essa concepção fez com que, se anteriormente as culturas que não compartilhassem do ideal iluminista fossem consideradas arcaicas, a partir desse momento elas seriam valorizadas por sua pureza, sua originalidade e sua riqueza simbólica.

No caso da música, a preservação e a disseminação dessa nova concepção foram registradas em forma de composições musicais. Isso fez com que houvesse uma relação entre as canções populares e a escrita musical europeia, visando, inclusive, à disseminação desse tipo de música dentro de um quadro social habituado às formas eruditas de composição musical. Porém, a relação entre as músicas popular e de concerto fortaleceu-se devido ao tipo de concepção artística promovida não só pelos compositores românticos, mas por todo o contexto filosófico a partir do século XIX.

Dentro desse quadro, no desenrolar histórico europeu, a música ascendeu aos mais altos postos no reconhecimento de sua relevância, justamente pelo movimento de reação à racionalidade iluminista. Para explicar essa concepção, podemos recorrer àquele que Berlin (2015) chamou de primeiro grande romântico francês, Jean-Jacques Rousseau, e a seu livro *Emílio*. Segundo a leitura de Berlin (2015), na história de *Emílio* estaria presente uma crítica ao racionalismo e ao modo de vida "degenerado" das cidades em forte processo de industrialização. Por isso, a educação de Emílio foi feita no campo, por um preceptor, sob um ideal de liberdade. Mesmo a música, em *Emílio*, constituía-se pelo cantarolar de melodias populares, livres de qualquer rigidez ou normas.

O romantismo também foi uma grande influência para a linha filosófica que elevou a prática e a apreciação musical aos mais altos pontos de prestígio. Essa corrente de pensamento foi o idealismo alemão. Desde Kant e sua consideração de que o belo natural era mais importante esteticamente do que a beleza produzida pelo homem, o romantismo influenciou e foi influenciado por essa escola de pensamento. Em relação à música, autores como Georg Wilhelm Friedrich Hegel (1770-1831) e Friedrich Wilhelm Joseph von Schelling (1775-1854) apresentaram a ideia da música não só como manifestação artística para a contemplação desinteressada – como colocou primeiramente o próprio Kant –, mas como meio de conhecimento e elevação da consciência. Dessa forma, a música alçou seu momento de maior importância no plano filosófico desde a Grécia Antiga.

Não obstante, autores como Arthur Schopenhauer (1788-1860) e, posteriormente, Friedrich Nietzsche (1844-1900) elevaram a música aos pincaros de sua prática e de sua relevância social. Todo esse movimento, de certa forma, foi sintetizado na obra de autores como Richard Wagner (1813-1883). Wagner é um grande exemplo, mas não o único, da razão pela qual a música popular absorvida pelas formas de composição eruditas teve tamanha importância nesse período. Em um contexto em que também ocorreu um processo de desenvolvimento dos Estados modernos europeus, a música foi uma das formas mais propagadas de valorização cultural. Sob essa ótica, houve tanto a valorização de músicas de culturas "exóticas" quanto o início da valorização de músicas de caráter nacionalista, com base na ideia de que todas as diferentes culturas deveriam ser valorizadas e perpetuadas.

Foi dentro desse quadro histórico-filosófico que os pesquisadores de culturas populares se disseminaram na Europa. Os irmãos Jacob Grimm (1785-1863) e Wilhelm Grimm (1786-1859), popularmente conhecidos como Irmãos Grimm, foram os primeiros grandes pesquisadores da cultura popular, passando por diversos artistas de diferentes áreas da música, da literatura, da escultura etc. Fruto desse processo, o surgimento de uma disciplina que tratasse especificamente do estudo das culturas populares e suas formas de manifestação seria apenas uma questão de tempo. Nesse campo fértil, nasceria o estudo sobre o *folk-lore*.

Em alto e bom som

Podemos notar que a noção de folclore nasceu como um desdobramento da cultura europeia, tanto em suas formas de manifestação como em suas formas de pesquisa. A partir desse ponto, podemos apontar algumas aproximações sobre todos os fenômenos apresentados anteriormente e o contexto nacional. A seguir, proporemos algumas reflexões sobre as relações entre o folclore nacional e as influências europeias, principalmente as herdeiras do movimento romântico.

2.5 O romantismo e a influência na música folclórica brasileira

A relação entre o folclore nacional e o ideal romântico, segundo Cavalcanti (2004), está na concepção de que a cultura popular é apresentada como um meio de valorização do "primitivo", em que existe uma tensão dialética entre as identidades dos diferentes grupos humanos. Essa tensão reside na ideia de que há um grupo social civilizado e um grupo social primitivo. Foi justamente nesse aspecto que a concepção romântica teve espaço para permear a cultura nacional. A partir da valorização das culturas "primitivas", seria possível encontrar a verdadeira essência nacional, ainda não contaminada pelos paradigmas modernos (Cavalcanti, 2004). Sobre essa concepção, Biasi (2008, p. 18) explica que:

Para os descobridores, o povo por excelência compunha-se dos camponeses; eles viviam perto da natureza, estavam menos marcados por modos estrangeiros e tinham preservado os costumes primitivos por mais tempo do que quaisquer pessoas. Mas essa afirmação ignorava importantes modificações culturais e sociais, subestimava a interação entre campo e cidade, o popular e o erudito. Não existia uma tradição popular imutável e pura nos inícios da Europa moderna, e talvez nunca tenha existido. Portanto, não há nenhuma boa razão para se excluir os moradores das cidades, seja o respeitável artesão ou a "turba" de Herder, de um estudo sobre cultura popular. A dificuldade para definir o "povo" sugere que a cultura popular não era monolítica nem homogênea. De fato, era extremamente variada.

Como observa Burke (1989), sugerir um tipo de padronização do modo de vida camponês europeu na passagem da Idade Média para a Idade Moderna era inviável, pois cada região tinha uma dinâmica de relações e produções diferentes. Esse fenômeno também se fez presente no Brasil, em parte pela enorme extensão territorial do país.

Todavia, o ideal romântico europeu imiscuiu-se em nossa cultura e, por consequência, em nosso folclore. Sob essa ótica, Romero (2018) aponta a influência da literatura dos Irmãos Grimm no contexto brasileiro, justamente pelo fato de elaborarem sua literatura com base em pesquisas das produções culturais populares. Em nosso cenário, não só a literatura, como também a música, passou pelos mesmos processos históricos valorizados pelos românticos. Como explica Andrade (1941, p. 15), "em seu desenvolvimento geral a música brasileira segue, pois, obedientemente a evolução musical de qualquer outra civilização:

primeiro Deus, depois o amor, depois a nacionalidade". A música, que possuiu primeiro uma função evangelizadora, tornou-se, com o passar do tempo, instrumento de firmação de uma identidade nacional, assim como ocorreu na Europa. Já o processo de dessacralização da música no Brasil e a expansão de sua prática popular foram sintetizados por Andrade (1941, p. 19), que assim explica o que ocorreu após o processo de colonização:

> [...] com a fixação de certos centros, Bahia, Pernambuco, e maior estabilidade deles com a organização guerreira das vilas, seus fortins e igrejas, fortificados já com ideia de permanência; com a objetivação ritual e suntuária enfim, do princípio de autoridade dos chefes donatários, provinciais, vivendo em seus bisonhos palácios: só então é que a música, embora religiosa sempre, vai passando aos poucos de necessária a desnecessária, não vem mais de baixo para cima, e se torna elemento de enfeite nas festas de religião. Agora, e desde certos centros mais firmados da segunda metade do primeiro século (Bahia, Olinda) a música vai se tornando um instrumento de outra forma utilitário e utilizável. Morre o Deus verdadeiro da primitiva coletividade e não tem propriamente ressurreição. Eis que de súbito, quando mais garantido de sua estabilidade, bateu festeiro o sino da Ressurreição na igreja forte, percebeu-se que o Deus de baixo, o Deus popular que dava as colheitas, protegia nas guerras e igualava misticamente o agrupamento fora substituído por outro, igualzinho ao primeiro em aparência, mas com outros princípios; um Deus singularmente escravocrata, que repudiava a escravidão do índio mas consentia na do negro, um Deus gostoso, triunfal, cheio de enfeites barrocos e francamente favorável ao regime latifundiário. Foi este deus que continuou na mesma função de

goma-arábica e cola-tudo da coletividade. Coletividade, aliás, que não mora mais numa vasta e igualadora casa térrea, mas noutra... de vários andares.

Então, a partir de um inexorável processo de miscigenação, ocorreu o nascimento de uma cultura (ou de diferentes culturas em variados contextos) em terras brasileiras, com diversas influências distintas.

Fruto desse processo, a influência do ideal romântico é marcante. Nessa perspectiva, Romero (2018) considerou uma proximidade entre as concepções de folclore na Europa e no Brasil baseada em elementos presentes, por exemplo, na composição dos contos nacionais. Além de serem histórias que evocam elementos místicos e poderosas forças da natureza, a própria estrutura dos contos brasileiros é similar à dos europeus, mudando apenas as características dos personagens. Sobre os aspectos desses contos, Miranda (2002) mostra uma lista que, de certa forma, apresenta adaptações de histórias já existentes na Europa. Outra característica fundamental desses contos relacionada ao romantismo europeu diz respeito à presença da música. Esta tem espaço nos diferentes tipos de narrativas, sejam elas religiosas, mitológicas, contos ou lendas. Essa presença caracteriza formas de representação. Uma destas consiste em dar à música "poderes mágicos", como a capacidade de curar, seduzir, acalmar, conquistar etc. – em síntese, a música como meio de transformar o estado de espírito dos personagens.

A relação entre e a música e o poder místico é um fator presente na história do desenvolvimento das religiões, oferecendo mais um elemento simbólico capaz de representar mistérios e conhecimentos. Dentro do folclore, há o exemplo da lenda da sereia Iara, que seduz os homens por meio de seu canto. Como apresenta Cascudo (2002b), Iara é metade mulher e metade peixe, o que faz dela um ser capaz de seduzir marinheiros pela beleza do seu canto, mas incapaz de se relacionar amorosamente. Aos marinheiros que se deixam ser seduzidos por seu canto resta a morte, pois, após sua sedução, nada mais pode ser feito. Quase com a mesma narrativa, tem-se a lenda do Mistério do Boto na Amazônia, na qual os papéis são invertidos, sendo os belos cantos dos botos que seduzem as mulheres.

Outra característica mística da música é servir como uma forma de ligação com os deuses, a fim de acalmar sua fúria, pedir curas e bênçãos e se proteger contra os espíritos malignos. Entre os símbolos desses papéis, podemos citar o sino, como na lenda, de origem portuguesa, chamada "O carro caído" (Cascudo, 2002b). Esta conta a história de um homem que tinha a tarefa de levar um sino em uma carroça até a capela de Estremoz, cidade localizada no Distrito de Évora, em Portugal. Ao escutar a voz do diabo, o homem começa a assobiar e cantar, para não ser dominado pelo medo. Mesmo assim, o diabo joga-o na lagoa e impede-o de entregar o sino, justamente por ser este o instrumento que o afastaria daquele lugar por meio do seu som (Cascudo, 2002b).

A função dos sons como forma de afugentar os perigos também pode ser exemplificada, na coletânea de Cascudo, por meio do conto "A música dos chifres ocos e perfurados" (Cascudo, 2002a). Nele, os veados agrupam-se de forma estratégica, a fim de que seus chifres estejam posicionados a favor do vento. Esse posicionamento faria com que os chifres ocos dos veados produzissem uma sonoridade capaz de enfeitiçar os caçadores e de servir como um poderoso sinal de alerta. Nesse caso, os caçadores representam as forças malignas que precisam ser afastadas; já os veados são os personagens que produzem os sons em comunhão com a natureza.

O poder de cura que a música exerce sobre os seres humanos também é um elemento presente no folclore. Entre os exemplos de lendas brasileiras, podemos citar "O castigo de Japim", que trata do poder de cura do canto do pássaro Japim. Conta a lenda que quando Tupã desejava dormir, chamava Japim para que ele cantasse suas belas melodias e afastasse a insônia do chefe dos deuses. Além disso, o pássaro também afastava as doenças e as tristezas do povo indígena, que restaurava sua felicidade através do canto de Japim (Cascudo, 2002a).

Podemos perceber, em todas essas narrativas, como a música e os sons, além de possuírem características místicas, estão relacionados a forças da natureza. Muitas vezes, as histórias possuem aspectos trágicos, integrados pelo sofrimento dos personagens e pelas suas angústias. Outro aspecto no qual a música no contexto brasileiro se faz presente diz respeito ao alívio após a realização de um árduo trabalho, que pode ser coletivo ou individual. Esse elemento aparece em diferentes narrativas e, por meio do ritmo musical, marca a sincronização dos movimentos corporais e das canções entoadas como forma de atenuar o esforço repetitivo de um trabalho pesado. Como sabemos, o ritmo está diretamente ligado à fisiologia humana, que depende dos batimentos cardíacos e da respiração para a manutenção da vida. A esse respeito, Andrade (1941) cita diversos tipos de cantos de trabalho presentes no Brasil, como os dos escravos, dos pedreiros, dos remadores, entre outros.

Dessa forma, percebemos como um ideal romântico faz-se presente nos contos, na música e na maneira como diferentes autores abordaram o folclore nacional e suas formas de manifestação. Além disso, observamos também que a relação entre cultura e tradição é muito anterior ao folclore. Retomando a questão sobre as relações entre cultura e tradição, é possível considerarmos que as tradições são aspectos culturais repassados ao longo da história.

 Em alto e bom som

Como um exercício de síntese, podemos compreender que uma tradição está inserida em um quadro cultural mais amplo. Conceber essa perspectiva de maneira inversa é mais problemático, pois não seria adequado afirmar que toda cultura representa uma tradição. Por essa razão, a manutenção de uma tradição faz com que suas alterações ao longo da história sejam mais lentas, justamente por preconizar a preservação de sua essência. Já a cultura é dinâmica e está sempre em transformação, sendo capaz de abarcar e acomodar diferentes fenômenos – por exemplo, diversas tradições. Nesse sentido, a cultura corresponde a um fenômeno mais amplo, enquanto a tradição se liga a um ramo mais restrito de perpetuação. Perceber essa cadeia de relações ajudará a entender melhor o processo de formação e desenvolvimento das culturas, das tradições e das manifestações folclóricas no Brasil.

Resumo da ópera

Neste capítulo, aprofundamos as relações entre a cultura e as tradições, resgatando a origem desses conceitos. A ideia de tradição refere-se à transmissão da memória, dos símbolos e das produções materiais de um povo. Já o termo *cultura* é derivado de um verbo que trata de uma ação. Nesse sentido, diz respeito a algo que deve ser cultivado.

Além disso, comentamos que os mitos fundadores são elementos presentes em todas as culturas e transmitidos por meio das tradições, sendo que os sons e a música têm um papel marcante na sua perpetuação dentro das organizações sociais. Seguindo essa linha histórica, abordamos a Grécia Antiga e sua herança cultural no Ocidente, principalmente em relação à música aos seus simbolismos e às suas formas de prática. Na sequência, discutimos sobre a relação entre o cristianismo e a música não só como ferramenta de transmissão dos elementos religiosos, mas também como um reflexo das transformações políticas, econômicas e sociais. Também, apresentamos a origem do movimento conhecido como romantismo e sua reação à extrema racionalização da sociedade europeia entre os séculos XVIII e XIX. Essa reação deu origem a outras perspectivas sobre cultura, abrindo espaço para uma nova abordagem das manifestações populares, de modo a criar um ambiente propício para o surgimento do conceito de folclore.

Por fim, encerramos o capítulo tratando das relações entre o romantismo e o conceito de folclore no Brasil. Para isso, apresentamos os elementos do ideal romântico presentes nos contos brasileiros que, em alguns casos, são adaptações de histórias populares europeias. Alguns aspectos do romantismo presentes nos contos populares brasileiros são a valorização dos fenômenos naturais, a formação de uma identidade nacional e o papel místico dos sons e da música.

Teste de som

1. Em relação ao sentido de tradição utilizado neste capítulo, indique, a seguir, V para as assertivas verdadeiras e F para as falsas:
   ( ) A palavra *tradição* é herdeira do verbo latino *tradere*, que tem o sentido de "transmitir", "ensinar", "entregar".
   ( ) A tradição trata dos fenômenos que se perpetuam de forma oral, sem deixar registros materiais como textos, roupas e instrumentos.
   ( ) A tradição refere-se ao ato de registrar conhecimentos, práticas, hábitos e crenças de uma comunidade, sociedade ou família, de geração em geração.
   ( ) O folclore não se perpetua como forma de tradição.

   Agora, assinale a alternativa que apresenta a sequência obtida:

   a) V, V, F, F.
   b) V, F, V, F.
   c) F, V, V, F.
   d) F, F, F, V.
   e) V, V, F, V.

2. Em relação ao sentido de cultura utilizado neste capítulo, indique a seguir V para as assertivas verdadeiras e F para as falsas:

   ( ) A palavra *cultura* vem do termo latino *colo*, ou seja, o que deve ser cultivado.
   ( ) A tradição e o folclore estão inseridos dentro do quadro cultural de um povo como formas de conhecimento que são transmitidas de geração em geração.
   ( ) O termo *cultura* trata apenas do que é repassado, daquilo que necessita ser perpetuado para a manutenção de uma sociedade ou para a sobrevivência de um povo.
   ( ) Nem todas as formações sociais possuem uma cultura que as sustente com conhecimentos e valores.

   Agora, assinale a alternativa que apresenta a sequência obtida:

   a) F, F, V, V.
   b) V, V, V, V.
   c) V, F, F, V.
   d) V, V, F, F.
   e) V, F, F, F.

3. Segundo Cavalcanti (2004), como se encontraria a verdadeira essência do folclore nacional na cultura brasileira com base em uma concepção inspirada no ideal romântico?
   a) Por meio da valorização das culturas primitivas, a verdadeira essência nacional seria encontrada, ainda não contaminada pelos paradigmas modernos.
   b) Por meio da valorização das culturas "modernas", a verdadeira essência nacional seria encontrada, ainda não contaminada pelos paradigmas primitivos.

- c) Por meio da valorização da arte "primitiva", a verdadeira essência nacional seria encontrada, ainda não contaminada pelos paradigmas contemporâneos.
- d) Por meio da valorização da arte contemporânea, a verdadeira essência nacional seria encontrada, ainda não contaminada pelos paradigmas primitivos.
- e) Por meio da valorização da arte nacionalista, a verdadeira essência nacional seria encontrada, ainda não contaminada pelos paradigmas estrangeiros.

4. Como Schafer (1991) conceituou o contexto sonoro, constituído de sons naturais ou não, no qual vivemos?
- a) Campo sonoro.
- b) Floresta sonora.
- c) Mosaico sonoro.
- d) Paisagem sonora.
- e) Jardim sonoro.

5. Qual foi uma das essências fundamentais presente no ideal romântico?
- a) A valorização da natureza dentro de uma sociedade marcada pelo violento senso de sobrevivência.
- b) A valorização da tecnologia dentro de uma sociedade marcada pelo violento senso de sobrevivência.
- c) A valorização da tecnologia dentro de uma sociedade marcada pelo culto à razão.

d) A valorização da tecnologia dentro de uma sociedade marcada pelo culto religioso.

e) A valorização da natureza e dos fenômenos naturais dentro de uma sociedade marcada pelo violento processo de urbanização e industrialização.

Treinando o repertório

Pensando na letra

1. Com base em sua experiência profissional, reflita sobre os papéis e os significados dos sons em seu próprio ambiente.

2. É possível afirmar que aspectos do romantismo apresentados neste capítulo estão presentes na cultura brasileira atualmente? Por quê?

Som na caixa

1. Partindo da narração de uma pequena história (que pode ser proveniente de um livro, retirada de quadrinhos, composta individual ou coletivamente), elabore a "paisagem sonora" do espaço em que ela se desenvolve. A sonorização pode ser feita com partes do corpo, instrumentos musicais ou objetos variados.

Capítulo 3
FOLCLORE, CULTURA E POLÍTICA NA HISTÓRIA DO BRASIL

Neste capítulo, faremos uma introdução sobre o processo de formação cultural brasileiro e o lugar da música nessa dinâmica de desenvolvimento. Nas três primeiras seções, trataremos do processo de formação cultural brasileiro nos períodos colonial, imperial e republicano, respectivamente. Em seguida, descreveremos o processo de ascensão do ideal nacionalista brasileiro no início do século XX. Na última seção, abordaremos as relações entre as manifestações populares, o processo de urbanização brasileiro e as implicações econômicas em relação à música popular nacional.

É importante salientar que neste capítulo separamos o período referente ao governo de Getúlio Vargas (1882-1954), a partir de 1930, e ao governo militar, a partir de 1964. Esse destaque se deu por entendermos que, durante esses períodos, houve grandes implicações políticas em relação à cultura, à música e às manifestações populares. Por isso, tais cenários merecem um capítulo à parte para a sua apresentação e a sua reflexão.

3.1 A formação cultural musical no período colonial

Em um quadro amplo, o processo de desenvolvimento da arte no Brasil a partir do período colonial caminhou em duas direções. Uma delas foi a disseminação de um ideal estético hegemônico baseado na iconografia católica, o qual estava ligado ao período pré-renascentista europeu, posteriormente sofrendo transformações durante o período barroco. Esse período, no Brasil, caracterizou-se por apresentar mudanças em relação às características europeias, com produções originais de artistas oriundos das camadas subalternas, inclusive na música (Silva, 1997).

 Se ligue na batida!

O barroco foi uma corrente artística de inspiração europeia, teve seu início em território brasileiro a partir do século XVII. A música, a pintura, a arquitetura, a escultura e a literatura foram suas principais formas de expressão. O período barroco caracterizou-se pelos temas sacros, pela grande riqueza de detalhes e pela expressividade dramática das obras artísticas.

Como registram as cartas de Pero Vaz de Caminha ao Rei D. Manuel, a música teve um papel marcante desde o primeiro contato com os indígenas. O principal instrumento utilizado nesse primeiro contato foi a gaita, trazida pelos marinheiros portugueses. Segundo Tinhorão (2010), a gaita era o instrumento português mais popular, muito utilizado nas áreas rurais lusitanas. Ela foi utilizada como meio musical para a confraternização entre indígenas e portugueses logo após a sua chegada, com danças e músicas. Para Tinhorão (2010), essa rápida integração por meio da música tinha uma explicação. Tanto a música, ou os elementos musicais, dos nativos como a música rural portuguesa tinham como característica comum a prática na coletividade, ou seja, tratava-se da expressão de uma manifestação popular coletiva. Isso fez com que essa música logo se transformasse em um "elo" entre as duas culturas.

Com a chegada portuguesa na nova colônia, os jesuítas foram os principais agentes em solo brasileiro durante dois séculos, principalmente em relação às práticas religiosas e educativas. Nesse contexto, a música foi um dos meios mais fortes de influência, com o ensino de cânticos religiosos e de instrumentos musicais europeus. Andrade (1941, p. 17) complementa afirmando que

> a música, ou mais exatamente o canto místico dos jesuítas funcionava também como elemento de religião, isto é, de religação, de força ligadora, unanimizadora, defensiva e protetora dos diversos indivíduos sociais que se ajuntavam sem lei nem rei no ambiente imediatamente pós-cabralino: chefes profanos, aventureiros voluntários, criminosos deportados, padres e selvagens escravos. O principal embate se dava naturalmente entre as ambições do colono e a instintiva liberdade do índio, e era de todo minuto a ameaça de soçobro total da colonização. A música mística dos Jesuítas veio então agir bem necessariamente e no mais lógico sentido social, e como elemento de religião, de catequização do índio e concomitantemente de arregimentação.

Contudo, os jesuítas também conviveram com outros tipos de manifestação musical. Como exemplo, podemos citar as folias de Reis – ainda presentes em certas regiões brasileiras –, as quais, segundo Leite (1938), constituíram-se no primeiro gênero de música popular conhecido pelos nativos. Como ocorria em Portugal, as folias percorriam as áreas rurais com suas músicas e danças típicas, tornando-se a primeira concessão popular dos jesuítas a um tipo de música que não fosse exclusivamente sacra. Tais manifestações ganhavam cada vez mais corpo, de acordo com o gradativo processo de crescimento populacional da colônia. Como resultado desse processo, as manifestações sacras e profanas passaram a dividir cada vez mais espaço entre a população. A separação entre o sagrado e o profano também ocorreu em relação aos serviços religiosos. Figuras como José de Anchieta (1534-1597), abertas às miscigenações das manifestações populares em um espectro amplo, eram intransigentes em relação às práticas musicais das missas. Entre os exemplos dessa postura, está o fato de que os músicos participantes dos cultos religiosos tinham uma formação específica e exclusiva para essas atividades. Em relação a esse aspecto, ainda é possível observar uma forte cisão entre as culturas musicais sacra e profana no Brasil. Isso fez com que, pouco a pouco, a prática musical da Igreja se isolasse cada vez mais.

Contudo, o processo de miscigenação cultural mostrou-se cada vez mais forte. Logo, gradativamente, os jesuítas passaram a abrir as práticas musicais para os novos elementos populares, como os ritmos e os instrumentos musicais. Dessa forma, como reflete Tinhorão (2010, p. 46):

> É de se supor, pois – admitindo como lógico que os portugueses integrados na vida colonial não deixariam de aproveitar o repertório musical trazido de suas regiões de origem –, ter havido ainda no século XVI paralelamente a esses cantos coletivos profanos rurais tolerados pelos jesuítas, e aos cantos religioso-eruditos das igrejas, um tipo de cantiga urbana semelhante àquela cultivada em Portugal pelos escudeiros retratados nos autos vicentinos.

Esse processo de miscigenação entre a música popular portuguesa, a música nativa e a música sacra tomou corpo, principalmente, em forma de cantigas. Os registros dessas cantigas, além de seu valor artístico e folclórico, representam também importantes fontes históricas. Nessa perspectiva, segundo Tinhorão (2010, p. 46):

> Algumas informações sobre a existência dessas cantigas a solo, favorecidas pela proliferação das guitarras ou violas como instrumento acompanhante, são de fato encontradas no que viria a construir o melhor (e quase único) repositório de informações sobre o quotidiano da vida nas cidades coloniais de fins do século XVI.

As cantigas, resultado da miscigenação de diferentes manifestações musicais do Brasil colonial, acabaram adquirindo o papel de registro da expressão popular em forma de música durante esse período.

Já no século XVII, o processo de popularização das cantigas e seu afastamento das letras sacras ganhou força. Cada vez mais a cantiga estava próxima das manifestações culturais profanas, chegando inclusive a originar as glosas e as chulas. O termo chulas tem origem na expressão chularias, que se refere às manifestações dos chulos, os quais, por sua vez, representavam a camada mais baixa da população no período. Foi também durante o século XVII que apareceu a versão brasileira dos "trovadores" medievais europeus, misturando romances e músicas populares ao som da viola feita à mão, como no caso de Gregório de Matos.

Durante o século XVII, algumas regiões brasileiras tiveram grande crescimento populacional, e suas formas de canção e dança se estenderam inclusive à metrópole portuguesa.

Tais cantos e danças com fortes raízes na miscigenação da população no interior do Brasil, em regiões como o Recôncavo Baiano, popularizaram-se cada vez mais, principalmente a partir do século XVIII (Tinhorão, 2010).

Posteriormente, a atividade de extração mineral que se espalhou por diferentes regiões do Brasil foi fundamental para a expansão de certas práticas musicais. As mesmas manifestações nas quais se juntavam negros e brancos em território baiano para festividades tiveram suas práticas estendidas para as novas cidades mineiras, surgidas de um cenário caótico da corrida pela mineração. Essa complexa conjuntura social, política e econômica fez com que as posições em relação às características e aos papéis da música popular no século XVIII no Brasil fossem, muitas vezes, críticas. A esse respeito, de acordo com Andrade (1941, p. 28):

> Com efeito, durante a Colônia, a bem dizer não tivemos música popular que se pudesse chamar brasileira. Esta expressão voluntariosa de nacionalidade não interessava à Colônia, e seria mesmo prejudicial à subalternidade a que a terra e seu povo tinham que se sujeitar. A escassa documentação existente tende a provar que os negros faziam a sua música negra lá deles, os portugueses a sua música portuga, os índios a sua música ameríndia. É só no fim do século dezoito, já nas vésperas da Independência, que um povo nacional vai se delineando musicalmente, e certas formas e constâncias brasileiras principiam se tradicionalizando na comunidade, com o lundu, a modinha, a sincopação. Logo em seguida, e com bem maior exigência popular então, se fixam as nossas grandes danças dramáticas, os reisados, as duas Cheganças, os Congos e Congados, os Caboclinhos

e Caiapós, e o Bumba-meu-boi, alguns destes provavelmente compendiados rapsodicamente e "arranjados" no texto e na música por poetinhos e musiquetes urbanos bem anônimos.

O Bumba-meu-boi, sobretudo, já era bem caracteristicamente e livremente nacional, pouco lembrando as suas origens remotas d'além-mar e celebrando o animal que se tornara o substitutivo histórico do Bandeirante, e maior instrumento desbravador, socializador e unificador da nossa pátria, o Boi.

Se, por um lado, Andrade (1941) mostra uma postura crítica em relação à ideia de uma identidade musical nacional antes do século XVIII, em contrapartida, aponta para o que pode ser considerado a gênese de manifestações folclóricas de grande envolvimento popular e relevância social.

O folclore brasileiro disseminou-se desde o período colonial, em parte, pela própria característica administrativa dos primeiros municípios. Como explica Reis (2014), a economia brasileira foi predominantemente de exportação. Por isso, a forma mais eficiente de administração foi a instalação de centros administrativos em áreas rurais. Dessa forma, os incipientes centros urbanos estavam voltados à área rural, fazendo com que a cultura das regiões rurais começasse a surgir nas cidades. Sugerir que a cultura popular rural teria se disseminado nas cidades brasileiras pode não ser uma afirmação totalmente precisa, já que, devido ao quadro de exploração econômica nos séculos de colonização, a população dessas localidades permaneceu, em sua grande maioria, pobre e dependente da agricultura de subsistência. Por conta disso, até meados do século XX, as cidades brasileiras possuíram características rurais. Logicamente, a cultura rural também seguiria essa tendência, com forte presença nas primeiras formações urbanas.

Dessa relação entre o rural e o incipiente contexto urbano, a música do período emergiu nos ambientes das camadas sociais mais baixas de Salvador e de alguns dos centros mais populosos do Recôncavo Baiano. As danças e os cantos estruturados em ruas, praças e terreiros pela mistura de elementos rítmicos, melódicos e coreográficos negro-africanos e peninsulares europeus atendiam à nova realidade social da Colônia. Iniciou-se, então, uma espécie de "ascensão" da prática musical, por meio da sua entrada nas casas das famílias, primeiro, nas mais modestas ou "mal construídas" e, depois, nas salas da própria minoria branca da burguesia e dos funcionários do poder real (Tinhorão, 2010). Esse processo embrionário cultural nacional também acabou sofrendo influências do contexto político após a Proclamação da Independência, em 1822.

3.2 A formação cultural musical no período imperial

A Proclamação da Independência deu início ao período imperial brasileiro, com muitas transformações socioculturais. A partir do processo de desenvolvimento urbano brasileiro, emergiram novas classes sociais que, à sua maneira, deram início ao processo de "absorção" da cultura popular. Esse movimento foi influenciado justamente por uma tendência romântica presente nesse período, o que fez com que artistas oriundos das populações urbanas tivessem grande interesse nas práticas musicais populares, proporcionando outro tipo de miscigenação musical. Tal movimento de união da música popular com as influências europeias, ligadas às camadas sociais mais baixas, deu origem à modinha seresteira. Devido, também, a essa miscigenação, esse período musical ficou marcado pela utilização do piano como instrumento símbolo. Como Tinhorão explica (2010, p. 95), "essa original fusão tornar-se-ia possível a partir de meados de Oitocentos, aliás, graças a uma particularidade socioeconômica ligada ao novo momento de diversificação social". Nesse sentido, o contexto socioeconômico desse período permitiu um processo de "democratização" da utilização do piano, presente nas composições musicais das diferentes camadas sociais (Tinhorão, 2010). Porém, isso não implicou a diminuição das tensões entre as diferentes classes existentes no Brasil durante a fase imperial. Assim, emergiu a necessidade de que se criassem símbolos capazes de oferecer um senso de identidade aos súditos brasileiros.

O intuito dessa criação de símbolos que pudessem agregar a população brasileira em torno de um mesmo ideal de pátria independente foi uma necessidade urgente, já que

> o batuque místico já não bastava mais para acalmar o nativo consciente de sua terra e de sua independência, e com os interesses voltados para a posse do seu purgatório. Deu-se a nossa Ars Nova. A música profana começou a predominar em duas manifestações especificamente características de sensualidade sexual: a modinha de salão, queixa de amores, e o melodrama, válvula de escapamento das paixões. A modinha já era manifestação intrínseca da coisa nacional, pouco importando a sua falta de caráter étnico e as influências que a faziam. Ela caracteriza perfeitamente, até mesmo nisso, a aristocracia

à força, realmente burguesa pelo seu conceito e costumes, da classe predominante no Império. Porém, manifestação de lar, semiculta, nem popular nem erudita, a modinha de salão jamais terá funcionalidade decisória em nossa música. Só quando se tornar popular, conseguirá prover de alguns elementos originais a melódica nacional. Mas assim mesmo, com o fado e o tango, o seu jardim se abrirá para sempre perigosamente enganador, menos propício à vernaculidade do canto que à vulgaridade alvissareira. (Andrade, 1941, p. 21)

Ainda em tom crítico, Andrade (1941) também salienta a grande expansão da utilização do piano no período imperial no Brasil, relacionando a disseminação do instrumento à classe burguesa, que começou a se formar em algumas localidades brasileiras. Segundo o autor, o piano foi um grande agente profetizador da música, pois "era o instrumento por excelência da música do amor socializado com o casamento e bênção divina, tão necessário à família como o leito nupcial e a mesa de jantar" (Andrade, 1941, p. 11).

A presença do piano no contexto urbano, além de exemplificar o processo de miscigenação social, também se transformou em um símbolo de *status*. Nas residências, o piano representava o processo de ascensão de algumas classes urbanas, pois era exibido como marco da nova posição social das famílias que o possuíam. Curiosamente, em um período de menos de cem anos, o piano ganharia território também entre as classes mais baixas. Assim, o instrumento deixaria de ser utilizado somente pelas donzelas da elite burguesa para aparecer também em gafieiras, orquestras de teatro e salões. Nesses lugares, o piano era tocado por negros e mestiços com grande habilidade de musicalidade e rica atividade composicional.

A relação entre a disseminação e a miscigenação da música esteve diretamente ligada ao processo de urbanização brasileiro. As composições que surgiram no decurso desse processo são um exemplo desse fenômeno. Para ilustrar, podemos citar as atividades desenvolvidas pelos negros livres ou que estavam sob ordens de senhores (patrões). Pela natureza liberal desses trabalhos e pela necessidade de "mãos habilidosas", uma das tarefas de maior demanda era a de barbeiro. Como Tinhorão (2010, p. 166) explica:

> O barbeiro, pela brevidade mesma do serviço (fazer barba ou aparar cabelos era questão de minutos), sempre acumulara outras atividades compatíveis com sua necessária habilidade manual, e que era representada pela função de arrancar dentes e aplicar bichas (sanguessugas). Essas especialidades, sempre praticadas em público, situavam os barbeiros numa posição toda especial em relação às profissões mecânicas ou demais atividades de caráter puramente artesanal. E como seus serviços em tal atividade liberal lhe permitiam tempo vago entre um freguês e outro, os barbeiros puderam aproveitar esse lazer para o acrescentamento de outra arte não mecânica ao quadro das suas habilidades: a atividade musical.

Por essas características, os músicos negros passaram a receber o nome de "barbeiros". Também era comum assistir aos negros cantando enquanto trabalhavam em funções de maior desgaste físico.

Nas atividades mais pesadas, como no carregamento de grandes fardos, o canto negro serviu como meio de estabelecer uma cadência, na qual o trabalho se desenrolava. Nem sempre as músicas tinham relação com as atividades desempenhadas – como carregar volumes pesados –, mas sempre ofereciam um elemento de regularidade para seu desempenho. Sobre o papel dos grupos de músicos barbeiros, Tinhorão (2010, p. 179) considera que

> A referência ao fato de os grupos de músicos barbeiros incluírem na primeira metade do século XIX a execução do primeiro gênero de dança e canção urbanizada a partir do som dos batuques rurais, que era o caso do lundu, é importante por mostrar que a "música de porta de igreja", surgida um século antes sob a forma de ternos à base de rabecas, atabales ou timbales e trombetas – o que os prendia ainda à música por assim dizer "oficial" da época –, já havia então evoluído para um tipo de banda de estilo moderno, capaz de tocar não apenas o hinário da igreja ou trechos de ópera, mas música declaradamente popular e citadina.

No processo de transição de uma economia que ainda fazia uso de mão de obra escrava para o início de uma atividade rudimentar capitalista, a figura do barbeiro liberal perdeu espaço para a do barbeiro assalariado. Isso fez com que a possibilidade de encontrar momentos de lazer durante o trabalho fosse eliminada, acabando com a possibilidade de aprendizagem e desenvolvimento de suas aptidões artísticas.

O período de transição entre a utilização de mão de obra escrava e a de mão de obra assalariada também representou um período de transição musical. Tinhorão (2010, p. 186) explica essa realidade seguinte forma:

> Assim, a partir daí, podia considerar-se encerrado com o ciclo da música de barbeiros a primeira experiência de música instrumental como nova espécie de serviço urbano: a de fornecimento de música para festividades públicas e diversões citadinas em geral. Fim de uma experiência cultural que ficaria marcada, nos dois centros em que o fenômeno documentadamente se produziu, por uma diferença sociologicamente curiosa. Enquanto no Rio, a corte, os barbeiros, iriam transmitir sua tradição musical aos mestiços da nascente baixa classe média urbana da era pré-industrial que iriam criar o choro, em Salvador o atraso no processo de desenvolvimento econômico-social deixava sua arte sem herdeiros.

Outro fator de grande peso para a disseminação da música das classes populares no meio urbano foi a presença das bandas marciais, as quais foram as grandes responsáveis por um tipo de miscigenação musical que misturou a estrutura das composições e os instrumentos musicais europeus com as canções populares do Brasil. Essas bandas, que funcionavam precariamente, começaram a ser estruturadas de forma mais sistemática a partir da chegada da Família Real, em 1808. Em lugares como Rio de Janeiro e São Paulo, houve grande proliferação dessas formações musicais, arregimentando músicos civis para integrarem as bandas militares. A prática de instrumentos de sopro cresceu tanto que mesmo bandas formadas inteiramente por civis seguiam o esquema de funcionamento das militares.

Tais características ainda permanecem vivas nas práticas de bandas e fanfarras. Em relação tanto à ordem unida quanto aos uniformes, chamados de "fardas", as características relacionadas às corporações musicais militares estão presentes atualmente.

Sob essa ótica, segundo Tinhorão (2010), o fato de as bandas militares serem compostas, na sua grande maioria, de músicos das classes populares levou essas corporações musicais a terem um repertório eclético. Uma parte das músicas executadas era composta de canções militares, contudo, outra parte do repertório era formada por adaptações de outros gêneros musicais para serem executadas pelos instrumentos de sopro presentes na banda. Por isso, de acordo com Tinhorão (2010, p. 191):

> No que se refere à música popular brasileira, a maior contribuição das bandas militares foi, inegavelmente, as criações do maxixe no Rio de Janeiro e do frevo em Pernambuco. No Rio de Janeiro, tais relações entre as bandas militares e a música popular iriam ser favorecidas pelo advento do Carnaval à europeia, em 1855, por iniciativa do escritor José de Alencar numa tentativa de superpor ao Entrudo popular um estilo de divertimento mais ao agrado da classe média. A ideia era a da realização de desfiles de carros alegóricos e, logo no primeiro, realizado naquele mesmo ano (conforme informação do próprio escritor), os foliões puderam contar com a música da mesma banda que, aos domingos, tocava para as famílias no interior do Jardim do Passeio público.

Após esse período, houve o rompimento definitivo entre a música das camadas populares e a fase de grande influência estrangeira sobre a música brasileira, como destacou

Andrade (1941). Esse rompimento teve início com as iniciativas de Francisco Manuel da Silva, por meio da criação da Academia Imperial de Ópera, e encontrou seu grande expoente na figura de Carlos Gomes (1836-1896). Durante essa fase, houve a estruturação dos conservatórios de música, que abrigavam boa parte dos compositores musicais. Esse fato possibilitou uma segurança econômica que sustentou esses artistas de modo que pudessem escrever com liberdade criativa (Andrade, 1941).

No final do século XIX, a Europa vivia novos paradigmas artísticos, enquanto o Brasil passava por uma transformação político-social de grande amplitude. Com a Proclamação da República, no dia 15 de novembro de 1889, todo o universo simbólico ganharia novos elementos, visando à criação de uma nova identidade nacional.

Se ligue na batida!

A Proclamação da República consistiu na instauração de um governo presidencialista por meio de um golpe de estado político-militar, colocando fim ao regime monárquico vigente até então com a expulsão e o exílio do imperador D. Pedro II (1825-1891).

3.3 A formação cultural musical no período republicano

Com o fim do Império e a Proclamação da República, a influência religiosa passou a disputar espaço com novos símbolos culturais. Por essa razão, as classes dominantes foram influenciadas por correntes francesas e americanas de pensamento, as quais se refletiram nos contextos político, social e artístico. Uma das principais preocupações das classes intelectual e política durante o final do século XIX foi criar uma espécie de um novo "mito fundador" que embasaria a nova identidade brasileira, de nação independente, moderna e autônoma, dona de sua própria identidade (Carvalho, 1995). Como observa Andrade (1941, p. 28), "ao nascer da República, a nossa música erudita estava nessa situação, era internacionalista em suas formas cultas e inspiração, e ainda muito longínqua da pátria, apesar dos esforços de Francisco Manuel e Carlos Gomes".

É interessante observar como, durante essa primeira fase nacionalista, os compositores eruditos buscaram fontes folclóricas para suas composições. Essa influência também foi estrangeira, já que na Europa o resgate de fontes folclóricas para a composição de música erudita tinha se disseminado entre os compositores. No Brasil, também houve uma mistura entre os elementos artísticos composicionais europeus e os elementos nacionais. Como afirma Casemiro (2012, p. 12), "Se o indianismo foi a grande expressão dessa tendência, o nacionalismo romântico, a exemplo de muitos países da Europa, também buscou promover aqui a valorização das tradições populares e do folclore, como substrato da cultura nacional" (Casemiro, 2012, p. 12).

A relação entre a concepção de folclore e os movimentos artísticos do início do século XX estava na ideia de que a valorização das manifestações folclóricas nacionais auxiliaria na formação de uma identidade para a sociedade brasileira. Nessa iniciativa, houve um esforço para oferecer ao folclore nacional, salvo toda sua diversidade, um elemento totalizador original, inserindo seu estudo dentro de um quadro nacionalista relacionado ao movimento romântico. Esse período se caracterizou pelo fato de, ao mesmo tempo que buscava uma identidade original para a nação brasileira, ser influenciado por todo um contexto político e cultural de outros países, que também estavam em um processo de formação das suas identidades nacionais. Dessa forma, podemos observar mais alguns aspectos do romantismo europeu presentes na nossa cultura, tais como o ideal de uma cultura popular que pudesse amalgamar a população em torno de uma identidade nacional. Como fruto desse processo, no crepúsculo do século XIX, nasceram no Brasil os primeiros conceitos sobre folclore (Casemiro, 2012).

Nessa concepção de folclore, tornou-se crítica a valorização de regionalismos, que acabavam fragmentando o ideal de identidade nacional. Essa visão também foi compartilhada por Cascudo (1984), para quem o estudo do folclore deveria abarcar as manifestações regionais, conferindo-lhe o sentido nacionalista. Isso seria importante, inclusive, para destacar o Brasil dos países vizinhos como uma nação totalmente diferente do ponto de vista cultural.

O primeiro movimento cultural de valorização do folclore brasileiro teve como um de seus desdobramentos a utilização de elementos da música folclórica em composições de autores de música erudita. Esse fenômeno mostra a importância que se deu aos temas, aos instrumentos e aos enredos folclóricos, os quais se tornaram fonte de inspiração para toda uma geração de compositores musicais brasileiros. Como exemplifica Andrade (1941, p. 28):

> Se as guerras do sul tinham contribuído para acendrar no peito
> brasileiro a convicção mais íntima de uma pátria completa
> e unida, por outro lado um simulacro de independência econô-
> mica e relativa fartura, com o surto do café, tornara propícia as
> afirmações de personalidade nacional. E, pois, pondo de parte
> o frágil nacionalismo meramente titular e textual das duas ópe-
> ras indianistas de Carlos Gomes, não parece apenas ocasional
> que justamente na terra da promissão paulista, recém-desco-
> berta, surgisse o primeiro nacionalista musical, Alexandre Levy.

Por um lado, a música folclórica havia ganhado relevância no cenário musical erudito; por outro, não se estagnou nesse momento, no qual as camadas mais altas da sociedade do período pós-republicano buscavam formar sua identidade cultural.

Como mencionado anteriormente, as manifestações folclóricas são dinâmicas, isto é, estão sempre em um processo de invenção e adaptação ao seu contexto. Essa afirmação pode ser exemplificada novamente com a explicação de Andrade (1941) sobre as criações musicais populares que não deixaram de absorver as características do novo quadro social. Assim, o autor explica que

> Nos últimos dias do Império finalmente e primeiros da república,
> com a modinha, já então passada do piano dos salões para o vio-
> lão das esquinas, com o maxixe, com o samba, com a formação

e fixação dos conjuntos seresteiros dos choros e a evolução da toada e das danças rurais, a música popular cresce e se define com uma rapidez incrível, tornando-se violentamente a criação mais forte e a caracterização mais bela da nossa raça. (Andrade, 1941, p. 29)

Entre as transformações decisivas para as mudanças da sociedade brasileira nesse período, podemos citar o processo de urbanização de algumas regiões, assim como a abolição da escravidão, de 1888. Tais circunstâncias inseriram o Brasil em um atrasado e precário contexto econômico capitalista. Uma das marcas dessa transição entre o antigo sistema econômico baseado em mão de obra escrava e o gradativo processo de urbanização de alguns centros residiu nas tensões culturais entre o campo e a cidade. Foi durante esse período histórico que o Brasil assistiu à primeira grande onda imigratória do campo para as cidades, já no século XX.

Entre todas as transformações e problemáticas registradas desse período, a cultura também sofreu grandes mudanças. Contudo, para Tinhorão (2010), esse período foi o responsável por trazer às cidades a riqueza folclórica do contexto rural. Como o próprio autor salienta:

> como grande parte dos ex-escravos e seus descendentes trabalhadores do campo – que ajudaria a dobrar a população da capital em vinte e oito anos, fazendo-a passar de 522.651 habitantes em 1890 para 1.077.000 em 1918 – continuavam a ser os baianos antes trazidos para o Vale do Paraíba com a expansão da cultura do café, seria entre tais comunidades (em 1897 acrescidas com a desmobilização de tropas recrutadas pelo exército na Bahia para lutar contra o fanático Antônio Conselheiro) que iriam surgir

no Rio as duas maiores criações coletivas do povo miúdo no Brasil: o carnaval de rua dos ranchos e suas marchas, e o ritmo do samba. (Tinhorão, 2010, p. 277)

O fenômeno da migração em massa do contexto rural para o urbano caracterizou-se, entre outras coisas, pela forma de agrupamento dessas populações. As comunidades formavam-se de acordo com o estado de origem de seus habitantes. Assim, baianos, sergipanos, pernambucanos, entre outros, formavam núcleos regionais dentro das cidades.

Nesse contexto, a utilização da música ao longo da história serviu não apenas como meio de expressão artística, mas também como ferramenta de transmissão de uma nova concepção de nação, que se estabeleceu definitivamente no início do século XX.

3.4 O nacionalismo brasileiro

Como discutimos no tópico anterior, o desenvolvimento do sistema político brasileiro tinha como objetivo afastar de forma definitiva os traços culturais da aristocracia portuguesa, de modo a fazer nascer uma cultura propriamente brasileira. Para isso, uma mudança do quadro não só cultural, mas também social e educacional brasileiro, era fundamental. Foi no florescer republicano que outras tentativas mais efetivas de transformação cultural ocorreram, buscando a formação de uma nova mentalidade que se afastasse dos ideais monárquicos. Um dos principais meios de propagação desses novos ideais foi a educação (Nagle, 1974).

O início do século XX foi marcado pelas repercussões das mudanças políticas, por meio das quais surgiram medidas para a difusão do ensino básico. Entretanto, esse ensino estaria alinhado a uma concepção liberal, ou seja, à ideologia vigente das classes políticas dirigentes. Esse movimento, que também foi administrativo, tinha o objetivo de possibilitar maior autonomia para as instituições. Contudo, segundo Saviani (2008, p. 177), o Estado ainda teve um papel muito forte, pois

> as primeiras décadas do século XX caracterizaram-se pelo debate das ideias liberais sobre cuja base se advogou a extensão universal, por meio do estado, do processo de escolarização considerado o grande instrumento de participação política. É, pois, a ideia central da vertente leiga da concepção tradicional, isto é, a transformação, pela escola, dos indivíduos ignorantes em cidadãos esclarecidos.

Os fundamentos da ideologia liberal foram marcantes nas ações educacionais durante o período da primeira república. Essas foram as premissas de um ideal educacional fundamentado em "formulações doutrinárias sobre a escolarização" (Nagle, 1974, p. 100) que "indicam o caminho para a verdadeira formação do novo homem brasileiro" (Nagle, 1974, p. 100).

A instabilidade que marcou essa fase da política brasileira não impediu a proliferação de ações de essência progressista e modernizadora. Como desdobramento de todas essas cadeias ideológicas que se cristalizaram nas classes dirigentes republicanas, o início do século XX no Brasil assistiu a uma grande transformação educacional, pois foi "nessa mesma década que a versão tradicional da pedagogia liberal foi suplantada pela versão moderna"(Saviani, 2008, p. 177). Segundo os ideais progressistas desse período, a educação teria a responsabilidade de alçar o Brasil ao nível de potência mundial e de possibilitar um poderoso desenvolvimento para o país. Se antes a educação tinha o objetivo de disseminar um novo ideal nacional, agora se juntava a essa ideia a questão do desenvolvimento econômico. Nos dois casos, a mudança de mentalidade da população brasileira era a principal problemática estabelecida, ao passo que as políticas de educação representavam o principal meio de transformação cultural.

O sentimento nacionalista desencadeado a partir da Proclamação da República cresceu e ramificou-se ao longo das duas primeiras décadas do século XX. Esse processo teve profunda influência sobre determinadas correntes culturais que também causaram impacto social e político. Como exemplo, podemos citar o Programa Nativista, de 1919. De caráter nacionalista, este pregou

> a emancipação intelectual, financeira e econômica do Brasil; o desenvolvimento das ideias republicanas e democráticas; os sentimentos de solidariedade entre as americanas [...]; [...] o valor intrínseco da raça; a educação cívica; a maior proporção de empregados brasileiros em casas comerciais estrangeiras; a limitação da capacidade aquisitiva de bens e imóveis por parte de estrangeiros; a disciplinação da imigração estrangeira, favorecendo somente a que se destina aos serviços de lavoura; reivindicação dos direitos do proletariado; a incorporação da mulher ao movimento; etc. (Nagle, 1974, p. 50)

As iniciativas de caráter nacionalista fizeram com que temas que não encontravam espaço para debate no âmbito político pudessem ser aprofundados. Dessa forma, o contexto nacional emergiu para o primeiro plano de atenção das correntes culturais, em prol do desenvolvimento de um Brasil republicano inserido nos ideais de desenvolvimento e modernidade da época.

A força dessa nova corrente de pensamento cada vez mais nacionalista provocou, durante a década de 1920, manifestações culturais que impactaram a história brasileira, influenciando não só o contexto cultural, mas, também, abrindo espaço para profundas iniciativas de transformação educacional. Além disso, é importante lembrar que devido ao seu caráter prolífico, essa década testemunhou não só tensões políticas e econômicas, como sintetizou fenômenos sociais, culturais e, por consequência, educacionais, nos quais a música teve papel de grande relevância.

Entre os movimentos culturais de grande impacto, houve a Semana de Arte Moderna de São Paulo, em 1922. Esse movimento propôs o rompimento com o ideal estético predominante nos diferentes campos artísticos, a exemplo das artes plásticas, da literatura e da música. Para seus adeptos, as expressões artísticas deveriam estar alinhadas de forma íntima a uma essência brasileira, expressando no campo artístico o processo de um ideal nacionalista cada vez mais forte (Chaves, 2013). O ideal nacionalista impregnou-se de forma tão forte no contexto cultural das elites que influenciou não apenas a música ou a literatura, mas também se tornou "um processo corajoso de transformação do pensamento estético brasileiro" (Chaves, 2013, p. 13).

Se ligue na batida!

A Semana de Arte Moderna foi um desdobramento de ações culturais que ganhavam força desde 1921, já que "em relação ao precedente desenvolvimento, pouca coisa foi acrescentada de original: na parte de formulação da nova estética, as realizações pouco adiantaram ao lastro já existente, especialmente a partir de 1921"(Nagle, 1974, p. 77).

Mesmo com a grande pluralidade de estilos musicais presentes entre os movimentos culturais da década de 1920, os modernistas apoiaram a presença de composições musicais nacionais nos principais espaços de concertos. A promoção dessa miscigenação musical entre a tradição europeia e a nova concepção estética nacionalista estimulou o surgimento de estilos de composição totalmente novos em âmbito nacional. Entretanto, essa mistura entre estilos clássicos com elementos de músicas folclóricas e nacionalistas já estava presente na Europa, com compositores como Bedřich Smetana (1824-1884) e Antonín Leopold Dvořák (1841-1904), por exemplo.

Como resultado de toda essa cadeia de fatos, um novo elemento juntou-se às concepções sobre cultura, tradição e folclore no Brasil. A partir de então, o papel educacional estaria presente devido ao fato de que, para a elite política, não bastaria transmitir a cultura brasileira, mas, sim, transformá-la. Sob essa ótica, a educação tornou-se um elemento político a serviço da ideologia das classes dominantes e de seu objetivo de transformação cultural, de forma definitiva, a partir da década de 1920.

Esse quadro de ebulição cultural e de contrastes e tensões entre as culturas rural, urbana, popular e das elites prosseguiu no decorrer do início do século XX. Nesse contexto, a música das camadas populares passava por outro processo de tranformação e criação, no qual as próprias populações tiveram grandes dificuldades de adaptação. Em alguns casos, as antigas tradições musicais tentavam sobreviver; em outros, adaptavam-se; e, por fim, houve aqueles em que nasceram novos gêneros musicais. Aquela música folclórica idealizada pelos compositores eruditos, apresentada às elites das salas de concerto, já não representava uma genuína caracterização da cultura nacional, pois esta havia se transformado com a velocidade necessária para a sua sobrevivência.

No final da década de 1920, o próprio governo republicano parecia já não conseguir unir a nação brasileira em torno de seus símbolos e de seus objetivos. Tanto no plano cultural quanto no político, a chegada à década de 1930 foi o prenúncio de profundas transformações no cenário brasileiro. Nesse contexto, Andrade (1941, p. 32) assinalou sobre a música no Brasil:

> Se de primeiro foi universal, dissolvida em religião; se foi internacionalista um tempo com a descoberta da profanidade, o desenvolvimento da técnica e a riqueza agrícola; se está agora na fase nacionalista pela aquisição de uma consciência de si mesma: ela terá que se elevar ainda um dia à fase que chamarei de cultural, livremente estética, e sempre se entendendo que não pode haver cultura que não reflita as realidades profundas da terra em que se realiza. E então nossa música será, não mais nacionalista, mas simplesmente nacional.

Por mais que Andrade (1941) valorizasse essa nova fase da cultura brasileira como um "produto" genuinamente nacional, esse contexto também foi influenciado por eventos internacionais, como, por exemplo, as duas Grandes Guerras Mundiais. Essa característica marcou culturalmente a expansão das principais capitais que receberam esse fluxo de novos habitantes. A miscigenação cultural provocada por tal mudança geográfica – e, por consequência, econômica – transformou a cidade do Rio de Janeiro no final do século XIX e início do século XX em um "verdadeiro laboratório de experiências fragmentadas de usos e costumes de origem rural" (Tinhorão, 2010, p. 278). Esses novos moradores transformados se caracterizaram por estender as tradições e as práticas rurais ao contexto urbano, além das suas formas de trabalho e entretenimento.

3.5 Cisão entre a música urbana e a música rural no Brasil

Além de ser uma importante referência sobre a música brasileira, Andrade (1941) também foi testemunha do papel atribuído a ela e dos idealismos que cercaram sua prática. Nesse sentido, a utilização de elementos da música folclórica deixou de ser suficiente para caracterizá-la como nacional. A esse respeito, Andrade (1941, p. 30) explica:

> se como falei, a primeira República não conseguiu abrir uma nova fase em nossa música, seria uma falsificação louvaminheira, de que sou incapaz, atribuir à Segunda República os méritos dessa importante evolução. Não. Foi a Grande Guerra, exacerbando a sanha nacional das nações imperialistas de que

somos tributários, que contribuiu decisoriamente para que esse nosso novo estado de consciência musical nacionalista se afirmasse, não mais como experiência individual, como fora ainda Alexandre Levy e Alberto Nepomuceno, mas como tendência coletiva. Poucos anos depois de finda a guerra, e não sem ter antes vivido a experiência bruta da Semana de Arte Moderna, de São Paulo, Villa-Lobos abandonava consciente e sistematicamente o seu internacionalismo afrancesado, para se tornar o iniciador e figura máxima da Fase Nacionalista em que estamos.

A concepção estética do movimento modernista levava em conta as manifestações folclóricas como símbolos da identidade nacional. Entre os principais defensores do papel da música como expressão e formação de um ideal nacional, estiveram Mário de Andrade e Heitor Villa-Lobos (1887-1959).

Dentro dessa perspectiva, estava inserida também a ideia do músico como um agente de transformação, a quem caberia a disseminação desse novo ideal nacionalista por meio da música. Esse papel político do músico ganhou espaço em diferentes contextos, desde as rodas de choro, passando por conjuntos instrumentais, até chegar aos artistas arregimentados pela ainda incipiente indústria cultural brasileira (Travassos, 2000). Pelo fato de a música ter uma função política que sintetizaria o espírito nacional, sua composição deveria afastar-se de influências estrangeiras, de elementos musicais artificiais ou que não fossem autênticos no seio da camada mais popular brasileira (Travassos, 2000).

Para Andrade (1941), a música brasileira era resultado de um processo de evoluções, sendo que tais transformações mostravam que ela estava entrando em seu ápice de desenvolvimento. Um dos motivos desse destaque para a evolução da música brasileira era o fato de que as fases anteriores tinham representado, em maior ou menor medida, desenvolvimentos "inconscientes", os quais foram resultado de implicações práticas de sobrevivência das classes populares e das elites nos períodos colonial, imperial e republicano. Em oposição, o processo de desenvolvimento musical no final da década de 1920 era necessário "por ser um degrau evolutivo de cultura, [mas tinha] a sua necessidade dirigida e torcida pela vontade, pelo raciocínio e pelas decisões humanas"(Andrade, 1941, p. 31).

Assim, a música brasileira mergulharia em um novo ideal, no qual haveria um caráter mais dramático, fruto de um contexto de conflitos entre as tradições eruditas e as populares. Essa nova música nacionalista transcenderia as questões socioeconômicas, para se inspirar em formas mais cultas de manifestação artística. Como explica Wisnik (2001), o modernismo da década de 1920 tinha como objetivo a substituição de antigos paradigmas que eram referência à cultura brasileira. A partir de então, as raízes folclóricas passariam a ser a principal fonte de inspiração, em contraponto ao legado de influência europeu, como ocorreu com autores como Carlos Gomes. Com isso, o principal objetivo era que mesmo as composições eruditas absorvessem elementos como os temas, os estilos e as formas das músicas folclóricas.

A manifestação plena desses novos ideais encontrou terreno fértil a partir do novo contexto político desencadeado no governo de Getúlio Vargas, no ano de 1930. Contudo, o período getulista e suas implicações em relação ao proeminente papel que a música folclórica ocupou terão um espaço à parte no Capítulo 4. Isso se deve ao fato de que, durante esse período, inúmeras medidas governamentais oficiais levaram a prática da música eivada de elementos folclóricos como meio educacional à formação de um novo ideal social brasileiro.

Por ora, abordaremos apenas as questões relativas às transformações ocorridas desde a década de 1940. O processo de urbanização e o aparecimento de um genuíno mercado musical trouxeram à baila o conceito de música popular. A partir de então, a música popular brasileira designaria um movimento propriamente urbano, enquanto as manifestações genuinamente populares seriam classificadas como folclóricas.

Após a década de 1940, os Estados Unidos da América emergiram como a grande potência, influenciando a economia, a política e a cultura brasileiras. Se até então a influência europeia tinha sido marcante, a partir dessa década, a nova potência emergente e o novo contexto econômico trariam grandes mudanças à música nacional.

Esse novo centro irradiador de cultura de massa atingiu primeiro uma recém-surgida classe média, fruto do contexto econômico de transição. Este fez com que o Brasil passasse de uma economia manufatureira para, de fato, uma economia industrial. Contudo, como salienta Tinhorão (2010), isso não impediu que as camadas mais baixas não vivessem um momento de grande criatividade em relação às suas próprias criações musicais.

A industrialização também chegou ao contexto musical por meio das gravadoras, que procuravam novidades musicais para a comercialização de seus produtos. As primeiras gravadoras eram estrangeiras e procuravam artistas de características regionais para promover sua música. Entre os artistas e os estilos que tiveram espaço nesse primeiro momento, estavam compositores como

Ernesto Nazareth, canções e toadas "sertanejas" de Marcelo Tupinambá e Hekel Tavares para a classe média mais refinada; cocos, emboladas, maxixes, batuques, valsas, mazurcas e quadrilhas de festas de São João, modinhas, sambas e marchas de Carnaval para a heterogênea massa menos exigente distribuída pelas camadas que compunham a baixa classe média e o povo de uma maneira geral. (Tinhorão, 2010, p. 305)

O processo de produção musical no Brasil, nesse período de transição para um mercado sonoro industrial, com objetivos comerciais, caracterizou-se pela concorrência entre produções nacionais e produções estrangeiras similares, oferecidas por empresas estrangeiras (Tinhorão, 2010).

Em tese, mesmo buscando composições musicais de características regionais, as oriundas das classes mais baixas não chegaram às gravadoras. O mais perto que essas composições populares chegaram dos registros fonográficos foi por meio de "versões", que mesclavam alguns elementos de música popular de forma precária a tendências e modismos das produções internacionais. Tais versões tinham por objetivo tornar esse tipo de produto musical atraente para a nova classe média emergente, principalmente nos grandes centros urbanos brasileiros. A partir desse ponto, o termo *música popular* deixou de estar vinculado às produções genuinamente compostas pelas classes mais baixas e mais numerosas e passou a referir-se a um estilo musical de consumo urbano para determinada classe emergente. Como exemplo desse fenômeno, Tinhorão (2010) aponta a cidade do Rio de Janeiro, onde houve "um momento de clara separação social marcada pelo próprio desenho da geografia urbana: os pobres levados a morar nos morros e subúrbios cada vez mais distantes da zona norte"(Tinhorão, 2010, p. 326).

A partir da década de 1950, uma primeira geração de músicos e compositores que teve espaço no mercado de produção sonora estava alheia às tradições musicais da cidade. Filhos das classes mais altas da zona sul carioca, presentes no ambiente universitário, sua principal preocupação seria, de certa forma, "abrasileirar" o *jazz* norte-americano, fazendo nascer, assim, a bossa nova. Para Tinhorão (2010), esse processo representou uma divisão na história da música brasileira, em que houve uma cisão definitiva entre um tipo de música genuína composta nas classes populares e uma música comercial que tinha como intuito ser popular ou, melhor, ser consumida. Desde então, "a música popular urbana passou a evoluir no Brasil em perfeita correspondência com a situação econômico-social dos diferentes tipos de público a que se dirigia"(Tinhorão, 2010, p. 329).

 Resumo da ópera

Iniciamos este capítulo com a abordagem da formação cultural brasileira no período colonial, mostrando a relação entre os processos de miscigenação cultural, a religião católica e as práticas culturais indígenas e negras. Em relação ao período imperial, observamos a disseminação do piano, tanto nas classes mais altas como nas mais baixas, levando a um novo processo de miscigenação cultural, no qual a música teve um lugar de destaque. Já no período republicano, iniciou-se uma prática que cada vez mais ganharia força: a constante interferência das classes dominantes sobre a cultura popular.

Também, explicamos que o processo de interferência cultural teve como objetivo a formação de uma nova mentalidade brasileira, fundamentada em valores liberais, por meio da cultura e da educação. Por fim, apresentamos o início do processo de cisão entre as culturas e as músicas urbanas e rurais durante o século XX, devido às características do desenvolvimento econômico no Brasil e às formas de promoção dos registros fonográficos nesse período. Contudo, destacamos a importância de tratar especificamente dos dois períodos ditatoriais na história da formação cultural brasileira durante o século XX. Esse destaque foi proposto para abordarmos mais profundamente toda a complexa cadeia de transformações culturais pela qual não só a música, mas também toda a cultura, ganhou forte dimensão política.

 Teste de som

1. Durante o período colonial, quais foram os principais agentes religiosos educacionais enviados pela Coroa portuguesa ao território brasileiro?
    a) Os franciscanos.
    b) Os dominicanos.
    c) Os protestantes.
    d) Os jesuítas.
    e) Os maristas.

2. A partir de qual ano houve uma grande disseminação das bandas marciais no Brasil?
   a) A partir de 1500, com o princípio da colonização do Brasil.
   b) A partir de 1808, com a chegada da família real portuguesa.
   c) A partir de 1822, com a Independência do Brasil.
   d) A partir de 1889, com a Proclamação da República.
   e) A partir de 1937, com a instituição do Estado Novo.

3. Segundo Carvalho (1995), qual das afirmações a seguir corresponde a uma das principais preocupações da classe intelectual brasileira durante o início do período republicano?
   a) A criação de um novo "mito fundador", que uniria a sociedade brasileira em torno de uma nova identidade ligada a uma nação moderna, autônoma e independente.
   b) A criação de um novo "mito fundador", que uniria a sociedade brasileira em torno de sua identidade ligada à religião católica e à cultura portuguesa.
   c) A criação de um novo "mito fundador", que uniria a sociedade brasileira em torno de uma nova identidade ligada à disseminação das culturas nativas.
   d) A criação de universidades para a disseminação de conhecimentos e de uma nova identidade ligada a uma nação moderna, autônoma e independente.
   e) A disseminação de novas ordens religiosas, que uniriam a sociedade brasileira em torno de sua identidade ligada à religião católica e à cultura portuguesa.

4. Por que, durante o período republicano, o estudo do folclore teve uma tendência crítica aos regionalismos brasileiros?

a) Por fragmentar a influência cultural estrangeira.
b) Por unificar a influência cultural estrangeira.
c) Por fragmentar o ideal de identidade nacional.
d) Por unificar o ideal de identidade nacional.
e) Por unificar o ideal de identidade europeia.

5. Segundo Wisnik (2001), qual das afirmações a seguir corresponde a um dos principais objetivos do modernismo da década de 1920 no campo musical?
   a) No campo musical, o modernismo da década de 1920 objetivava que mesmo as composições anônimas absorvessem elementos como os temas, os estilos e as formas das músicas eruditas.
   b) No campo musical, o modernismo da década de 1920 objetivava que mesmo as composições eruditas absorvessem elementos como temas, os estilos e as formas das músicas estrangeiras.
   c) No campo musical, o modernismo da década de 1920 objetivava que mesmo as composições anônimas resistissem à absorção de elementos como os temas, os estilos e as formas das músicas eruditas.
   d) No campo musical, o modernismo da década de 1920 objetivava que mesmo as composições eruditas absorvessem elementos como os temas, os estilos e as formas das músicas folclóricas.
   e) No campo musical, o modernismo da década de 1920 objetivava que mesmo as composições eruditas resistissem à absorção de elementos como os temas, os estilos e as formas das músicas folclóricas.

Treinando o repertório

Pensando na letra

1. Durante este capítulo, discutimos que determinadas manifestações culturais eram atribuídas a classes sociais específicas. Em seu contexto cultural, esse fenômeno ainda está presente? Explique sua resposta.

2. Quais manifestações culturais são atribuídas às classes mais baixas e quais são atribuídas às classes mais altas? Você considera que tais atribuições condizem com o quadro contemporâneo de participantes dessas manifestações? Por quê?

Som na caixa

1. A partir da apreciação de músicas de diferentes fases da história brasileira, tente distinguir as diferenças e as semelhanças sonoras, instrumentais, rítmicas e interpretativas das peças escolhidas. Depois, elabore um mapa mental com as características que mais chamaram sua atenção em cada fase.

Capítulo 4
FOLCLORE, MÚSICA E DITADURAS: A COOPTAÇÃO DAS MANI- FESTAÇÕES POPULARES

Neste capítulo, abordaremos dois períodos ditatoriais do século XX no Brasil. Nesse contexto, demonstraremos como a música assumiu um papel político dentro do quadro social brasileiro. Assim, na primeira seção, apresentaremos a solidificação do ideal nacionalista nos campos educacional e cultural, bem como seus desdobramentos em relação à prática musical. Na segunda, discutiremos a tomada do poder por Getúlio Vargas, por meio da Revolução de 1930.

Na terceira seção, abordaremos a disseminação de um ideal hegemônico quanto à formação de uma nova identidade brasileira e como a música foi fundamental nesse processo. Posteriormente, trataremos da queda do governo getulista e das implicações sociais sobre a cultura. Por fim, na última parte, versaremos sobre o período ditatorial militar, a partir de 1964, mostrando o papel da música como forma de protesto, além das diversas tensões entre uma música genuinamente popular e o surgimento de uma música "comercial" para o consumo das massas.

4.1 Música, folclore e nacionalismo brasileiro no início do século XX

Durante a década de 1920, um dos meios de maior propagação popular, amalgamando o estilo clássico musical com o caráter nacionalista, foi a adaptação de músicas folclóricas para a prática do canto coral. Porém, antes de debatermos sobre esse cenário, apresentaremos o contexto no qual esse fenômeno nasceu, ganhou força e se estabeleceu durante muitos anos.

Ao longo dessa mesma fase de mudanças políticas e culturais, o contexto educacional começava a passar por grandes transformações em suas concepções teóricas. Tais transformações ganharam espaço por meio de figuras emblemáticas para a história da educação brasileira, entre os quais estavam Anísio Teixeira, Fernando de Azevedo e Lourenço Filho. Todos eles foram profundamente influenciados por uma concepção educacional que ficou conhecida no Brasil como Escola Nova (Vidal, 2013).

Se ligue na batida!

O movimento da Escola Nova ganhou força a partir do final do século XIX, com o apoio de educadores resistentes às concepções tradicionais de educação vigentes na época. Entre os principais pioneiros dessa nova corrente educacional, podemos citar John Dewey (1859-1952), Maria Montessori (1870-1952) e Jean-Ovide Decroly (1871-1932). Segundo Miguel (1997), entre os preceitos mais difundidos desse movimento estava a consideração do estudante como figura central do processo educacional, levando em conta seu desenvolvimento cognitivo e seu ritmo de aprendizagem de acordo com sua faixa etária. O processo de desenvolvimento educacional deveria ser fundamentado na experiência do aprendizado, estimulando uma formação integral do indivíduo (Miguel, 1997).

Segundo Nagle (1974), o final da década de 1930 assistiu à "difusão sistemática dos ideais da Escola Nova, período em que a literatura educacional, além de expandir-se, altera-se qualitativamente, dada a frequência com que se publicam trabalhos sobre assuntos referentes à 'nova pedagogia'" (Nagle, 1974, p. 241).

Mesmo em um quadro fértil de ações e iniciativas nos planos cultural e educacional, os últimos anos dessa década testemunharam um gradativo aumento das tensões políticas. As transformações culturais estavam dentro de um quadro de conflitos dicotômicos entre o desenvolvimento da nação republicana e os interesses particulares de figuras com maior influência política e econômica. Como explica Saviani (2008), o contexto econômico de desenvolvimento e o contexto político instável manifestaram-se de forma cada vez mais intensa durante a segunda década do século XX.

Embora o plano cultural tivesse vivido uma fase de grandes iniciativas, o plano político mergulhava em conflitos de forma sucessiva. Essa dicotomia é exemplificada por Fávero (2000, p. 27) da seguinte forma:

> Do ponto de vista político, temos uma série de rebeliões, conhecidas como o "movimento tenentista", que culminaram com a Revolução de 1930. É nesse período, ainda, que se constituem, no Rio de Janeiro, a Academia Brasileira de Ciências, em 1922, cujas origens datam de 1916, quando é fundada a Sociedade Brasileira de Ciências, e a Associação Brasileira de Educação, instituída em 1924.

Apesar dos conflitos intensos, as instituições de pesquisa e educação nasciam e tentavam exercer alguma influência sobre campos importantes para o desenvolvimento nacional, a exemplo da expansão do ensino superior. Tais iniciativas ganharam mais força com o quadro de desenvolvimento econômico.

Depois de apontar alguns fenômenos relevantes para entender o contexto político e educacional da década de 1920, podemos mostrar como a utilização da música no contexto escolar ganhou espaço nesse período. Além de estar inserida em um contexto de grandes transformações culturais, a prática musical no âmbito escolar estava presente justamente na didática de vários educadores inspirados pela pedagogia da Escola Nova. Nesse quadro, a música contou com um grande espaço para o crescimento de sua prática e o desenvolvimento de possibilidades pedagógicas para sua utilização (Mariani, 2011).

Devido ao fato de o Governo Republicano deixar a responsabilidade de elaboração das políticas educacionais para o ensino primário a cargo dos estados, as iniciativas de utilização da música no contexto escolar tiveram mais ênfase em algumas localidades em particular. Sob essa ótica, o Estado de São Paulo foi um dos pioneiros em relação à utilização de uma prática educacional que ganhou força na Europa a partir do século XIX: o canto orfeônico.

O canto orfeônico surgiu em Paris, após a Revolução Francesa, como prática de canto a uma voz, sendo executado por formações com grande quantidade de estudantes ou operários (Chaves, 2013). Monti (2008) explica que o movimento de canto orfeônico já tinha força em São Paulo, estando presente "nas escolas das redes públicas com grande enfoque nas escolas primárias e normais" (Monti, 2008, p. 80-81). Cabe destacar, também, que em relação ao ensino secundário, "a música não estava presente nos currículos escolares, apenas nos primeiros anos da década de 30 ela foi incluída nesse segmento da educação" (Monti, 2008, p. 81).

Essas ações mostram como o ideal republicano de descentralização das políticas governamentais de educação, pelo menos em relação à prática da música no contexto escolar, abriu possibilidades em algumas partes do Brasil. Entretanto, o ideal liberal sofreria um golpe violento, e as iniciativas de descentralização chegariam ao fim com a Revolução de 1930.

4.2 Getúlio Vargas, Villa-Lobos e o ideal civilizacional por meio da música

A Revolução de 1930 representou a implantação de um governo provisório liderado por Getúlio Vargas. Essa "revolução", que a princípio se apresentou como um governo provisório, derrubou o governo republicano e transformou-se em uma ditadura, fundamentada sobre símbolos nacionalistas e desenvolvimentistas.

Sobre os impactos do início do governo provisório de Getúlio Vargas, Moraes (1992) explica que, a partir de 1930, tivemos o início de um "processo de constituição de um Estado propriamente capitalista no País e, como resultado, efetivava-se pouco a pouco a concentração dos vários níveis da administração pública nas mãos do Executivo federal, bem como o controle sobre as políticas econômica e social" (Moraes, 1992, p. 291).

Além das transformações políticas e econômicas, o início da década de 1930 trouxe uma cadeia de concepções administrativas que retomavam as medidas de centralização das instituições públicas. Dessa forma, o contexto das instituições educacionais foi afetado em todos os níveis, retornando a um funcionamento fortemente centralizado.

Nesse quadro, foi criado o Ministério da Educação e Saúde Pública, que promoveu mudanças nos ensinos superior e secundário. Como o próprio nome do ministério sugere, ele também seria responsável por uma forte campanha de higienização ligada à educação. Essa foi a razão pela qual o ministério responsável pelas políticas educacionais foi criado unido a outro da área de saúde pública (Carvalho; Abreu Júnior, 2012).

Apesar de medidas centralizadoras, o início da terceira década do século XX caracterizou-se por propostas que tentavam expandir as percepções sobre as problemáticas culturais. Tais propostas também propunham um enfoque mais objetivo a propósito de questões ligadas ao desenvolvimento educacional, relacionado à necessidade de formação de uma nova sociedade capaz de adaptar-se às demandas de desenvolvimento propostas pelo governo getulista.

No plano cultural, o nacionalismo deflagrado pelo movimento modernista de 1922 estava ainda mais forte. Alguns artistas e intelectuais presentes nesse movimento e que, na época, foram até figuras secundárias, tornaram-se referências nos quadros do governo de Getúlio Vargas. A esse respeito, a marcha da história política, das políticas educacionais e da utilização da música folclórica no contexto escolar encontrou-se materializada na figura do maestro Heitor Villa-Lobos.

A prática musical foi profundamente influenciada pelos rumos do governo provisório getulista e da ascensão de Villa-Lobos como figura de máxima importância política. Retornando de uma passagem artística bem-sucedida na Europa, Villa-Lobos trouxe entusiasticamente sua principal ideia de difusão da música no contexto educacional – justamente o canto orfeônico.

Inspirado nas práticas francesas, o canto orfeônico firmou-se como a principal iniciativa de utilização da música nas instituições de ensino do Brasil. A sua prática também se aproximou da francesa, através da organização de grandes massas de estudantes em espaços como praças e estádios de futebol, cantando canções que, na grande maioria das vezes, possuíam forte apelo patriótico. Muitas letras, melodias e ritmos eram inspirações diretas de temas folclóricos, que reforçavam ainda mais o caráter nacionalista da prática do canto orfeônico. Mas não podemos esquecer que a escolha das músicas para essas atividades não foi feita de forma aleatória. Elas tinham um objetivo específico que, mesmo não sendo perceptível à grande maioria de seus participantes, era claro aos seus organizadores, a saber: a transmissão de uma ideologia de caráter hegemônico, capaz de transformar os planos social e cultural (Lemos Júnior, 2011).

Por essa razão, além da prática musical, o canto orfeônico também tinha denotações políticas. O caráter ideológico presente em sua prática era inegável, o que foi afirmado enfaticamente pelo próprio Villa-Lobos, ao incitar que o principal objetivo do canto orfeônico no Brasil seria a promoção de um processo civilizatório. Nesse quadro ideológico, "a música era encarada, na época, como uma das mais eficazes ferramentas da educação, da cultura e do civismo e gozava de grande prestígio no meio educacional. As opiniões de Villa-Lobos ditavam os rumos da educação musical e da educação mediante a música nas escolas" (Prosser, 2004, p. 202).

A utilização do canto orfeônico cobriu dois campos de ação do governo de Getúlio Vargas. O primeiro abarcou o campo cultural e o seu objetivo de promover um ideal nacionalista. O segundo consistiu em promover um processo civilizacional baseado na disciplina e na organização, objetivando a preparação de uma nova geração de cidadãos. Como sintetiza Tinhorão (2010, p. 304):

> No plano cultural, o espírito de aproveitamento das potencialidades brasileiras que informava a chamada nova política econômica, lançada pelo governo Vargas, encontrava correspondente nos campos da música erudita com o nacionalismo de inspiração folclórica de Villa-Lobos, no da literatura com o regionalismo pós-modernista do ciclo de romances nordestinos e, no da música popular, com o acesso de criadores das camadas baixas ao nível da produção do primeiro gênero de música urbana de aceitação nacional, a partir do Rio de Janeiro: o samba batucado, herdeiro das chulas e sambas corridos dos baianos migrados para a capital.

Essa geração deveria ser patriota e suficientemente disciplinada para viabilizar a política econômica desenvolvimentista, baseada no contexto do capitalismo industrial que começava a ganhar força no Brasil.

Para isso, a música repleta de conotação política também era rica em elementos folclóricos na sua composição, graças à genialidade musical do maestro carioca. Getúlio Vargas não demorou a reconhecer o potencial artístico de Villa-Lobos e a sua concepção de que a música era um instrumento educacional e civilizador. Logo, fez dele o principal símbolo cultural, e, do canto orfeônico, seu instrumento de transformação educacional.

4.3 O canto orfeônico e a cooptação do folclore musical

Mesmo com toda a essência ideológica presente em sua prática, o canto orfeônico foi apoiado e utilizado por um grande número de professores. Um exemplo do alcance do apoio à sua prática foi a criação da Superintendência de Educação Musical e Artística (Sema). Para a condução do órgão submetido à recém-criada Secretaria de Educação do Rio de Janeiro, Anísio Teixeira convidou justamente Heitor Villa-Lobos, que já havia viajado e organizado diversas apresentações orfeônicas no Brasil (Silva; Lacombe, 2001).

A partir do momento em que o canto orfeônico se tornou uma política governamental de difusão educacional e cultural, a próxima preocupação foi promover a formação de professores aptos a conduzir as atividades orfeônicas no contexto nacional. Todas essas ações estavam diretamente ligadas às iniciativas de Heitor Villa-Lobos à frente do Sema.

O primeiro grande marco das políticas governamentais referentes à formação de professores para a prática de canto orfeônico no contexto educacional ocorreu por meio do Decreto Federal n. 19.890, de 18 de abril de 1931 (Brasil, 1931). Esse decreto assinado por Getúlio Vargas demonstrava como as ideias administrativas de Villa-Lobos contavam não só com o apoio, mas com o prestígio do presidente. Além disso, o texto legal indicava também como as políticas governamentais de Getúlio Vargas e Villa-Lobos estavam profundamente alinhadas no início da década de 1930. O ideal civilizador de Vargas conseguiria se cristalizar no plano educacional e cultural de uma só vez, por meio das iniciativas de Villa-Lobos.

Se nos planos cultural e educacional as medidas adotadas apontaram para um desenvolvimento emergente, nos campos político e econômico, as transformações também seriam profundas. Sobre o contexto dos primeiros anos do governo provisório, Saviani (2008, p. 191) considera que

> do ponto de vista da análise histórica global do modo de produção capitalista e, portanto, da teoria decorrente dessa análise, o desenvolvimento do capitalismo implicou o deslocamento do eixo da vida societária do campo para a cidade e da agricultura para a indústria, ocorrendo, inclusive, um progressivo processo de urbanização do campo e industrialização da agricultura.

Na esteira do golpe de 1930, emergiu também uma corrente de ideias de caráter racionalizador. A criação do Instituto de Organização Racional do Trabalho (Idort), já em 1931, dava a medida não só da entrada do Brasil em uma economia capitalista, mas também da necessidade de preparar uma nova mão de obra apta, que atendesse às novas demandas econômicas. Para a formação de uma mão de obra capaz de atender às novas demandas econômicas, os contextos culturais e educacionais eram de vital importância. A iniciativa que marcou essa nova concepção de educação e cultura dentro de um quadro de modernização da economia brasileira surgiu por meio da publicação do Manifesto dos Pioneiros da Educação Nova, em 1932. Além de todas as sugestões em relação à gratuidade do ensino e às concepções educacionais fortemente fundamentadas na pedagogia da Escola Nova, o manifesto trazia, também, grande preocupação sobre a relação entre a educação e o contexto econômico daquele momento. No texto, pode-se, ainda, observar considerações sobre os descompassos entre as reformas econômicas e sociais (Vidal, 2013).

> **Se ligue na batida!**
>
> O Manifesto dos Pioneiros da Escola Nova foi um documento elaborado por intelectuais de diferentes searas do conhecimento e distintas correntes ideológicas, cujo objetivo era promover uma renovação nas práticas educacionais brasileiras. Esse desenvolvimento educacional seria fundamentado nas teorias da pedagogia da Escola Nova. Para Vidal (2013, p. 582), o manifesto "capitalizava o anseio de rompimento com as práticas sociais, políticas e educacionais instaladas até então na República, ancorando-se em um desejo disseminado de mudança".

A esse respeito, é importante mencionarmos um ideal hegemônico presente durante esse período, o qual relacionava os contextos econômico, educacional e artístico. Esse ideal pode ser exemplificado no próprio texto do manifesto, segundo a interpretação de Saviani (2008, p. 247), para quem o texto

> reitera a necessidade de romper com a estrutura tradicional marcada pelo divórcio entre o ensino primário e profissional, de um lado, e o ensino secundário e superior, de outro, formando dois sistemas estanques que concorrem para estratificação social. Propõe-se, então, um sistema orgânico com uma escola primária organizada sobre a base das escolas maternais

e jardins de infância, articulada com a educação secundária unificada, abrindo acesso às escolas superiores de especialização profissional ou de altos estudos. A nova política educacional deverá romper com a formação excessivamente literária, imprimindo à nossa cultura um caráter eminentemente científico e técnico e vinculando a escola ao meio social produtivo, sem negar os valores especificamente culturais representados pela arte e pela literatura.

Desse modo, durante o governo getulista, todos os campos do conhecimento foram concebidos sob essa perspectiva, inclusive a arte. Logo, esta estava inserida no contexto de um ideal moral e civilizacional, no qual todos os âmbitos das cadeias de relações humanas foram perpassados por um ideal hegemônico coerente entre o governo provisório, o eminente contexto de desenvolvimento econômico e as ações culturais e educacionais.

O ideal hegemônico que despontou no início da década de 1930 alcançou seu "braço" educacional por meio do manifesto. Segundo a interpretação de Saviani (2008, p. 244):

> a Educação Nova busca organizar a escola como um meio propriamente social para tirá-la das abstrações e impregná-la da vida em todas as suas manifestações. Dessa forma, propiciando a vivência das virtudes e verdades morais, estará contribuindo para harmonizar os interesses individuais com os coletivos.

Para Saviani (2008), atender aos interesses coletivos, não só dentro do contexto comunitário, mas também em um quadro político nacionalista, mostrou um espectro moral presente no corpo do manifesto.

O contexto político no qual essas ações educacionais se desenrolaram logo passou por mudanças. Em 1934, foi promulgada outra Constituição nacional. Nessa legislação, a organização e o funcionamento dos ensinos superior e secundário novamente passariam a ser regidos de forma centralizada. A essência centralizadora da Constituição de 1934 não abarcou apenas o campo educacional. A esperança em um governo democrático de Getúlio Vargas, apoiado em uma legislação liberal, caiu por terra. Por meio dessa constituição, "as tendências centralizadoras e autoritárias [recuperaram] a hegemonia" (Fávero, 2006, p. 25). As medidas centralizadoras foram impostas de forma implacável pelo governo getulista. Nada estaria fora do alcance do Estado, desde o contexto educacional, passando por sindicatos e até associações civis de diferentes espectros, inclusive culturais.

Nesse quadro de crescimento de um poder e uma ideologia hegemônicos, a utilização da música no contexto escolar ganhou cada vez mais força. Como exemplo do processo de expansão da prática musical, as ações para a formação dos seus professores ganharam importante espaço. Em 1936, comprovando as ousadas medidas administrativas, Villa-Lobos deu início ao funcionamento do

> Curso de Orientação e Aperfeiçoamento do Ensino de Música e Canto Orfeônico. Tal iniciativa tinha como objetivo principal formar educadores para que fossem multiplicadores de suas práticas e oferecia curso, aos professores das escolas primárias, de Declamação Rítmica e de Preparação ao ensino do Canto Orfeônico, e de Especializado de Música e Canto Orfeônico e de Prática de Canto Orfeônico, aos professores especializados. (Alucci et al., 2012, p. 21)

É inegável que as medidas políticas tomadas por Villa-Lobos para a formação e o aperfeiçoamento dos professores de música foram revolucionárias no contexto nacional. Contudo, a realização prática dessas medidas "logo se mostrou difícil – se não impossível – de ser cumprir por vários fatores. Entre os quais, as dimensões gigantescas do Brasil e a ausência ou má qualidade das estradas"(Fonterrada, 2008, p. 213).

Se as medidas referentes à utilização da música no contexto educacional e à formação de um quadro qualificado de professores para aplicarem essas atividades se desenrolaram de forma constante, o mesmo não pode ser dito sobre todo o contexto político.

Em 1937, houve uma nova mudança política e a instauração do Estado Novo. Outra Constituição foi elaborada, com ainda maior ênfase sobre um governo administrativamente centralizado. Essa retomada das políticas centralizadoras teve como marco a criação do Departamento de Administração e Serviço Público (Dasp), órgão responsável pela formação dos burocratas que administrariam as políticas oficiais governamentais.

O fechamento do congresso mostrava o crescente controle, cada vez mais hegemônico, do Governo Federal, sob a liderança de Getúlio Vargas. Outra característica do período foi uma maior valorização de um sentimento nacionalista, sintetizado na figura de Vargas. Apesar da violência no regime getulista, após 1937, o quadro político viveu, enfim, alguns anos de estabilidade.

4.4 A queda do governo getulista

A partir da instauração do Estado Novo, as políticas de estado em relação à educação ficaram sob a responsabilidade de Gustavo Capanema, então nomeado ministro da educação. Contudo, o contexto internacional acabou desgastando o sistema governamental de Getúlio Vargas. A aliança das principais nações capitalistas com a União Soviética contra os regimes nazifascistas desencadeou um movimento de "união" no seio das sociedades que participavam do conflito.

Da mesma forma que gaullistas e *La Résistance* francesa lutaram juntos pela libertação da França, no Brasil houve a aproximação de setores da esquerda com a burguesia, a partir de 1943 (Saviani, 2008). Essa aproximação deu início ao gradativo desgaste do governo Vargas em favor do fim do Estado Novo e de um novo processo de redemocratização. As últimas manobras políticas de Vargas para sua manutenção no poder foram o queremismo e a aproximação com o Partido Comunista Brasileiro (PCB).

O queremismo foi a movimentação das massas trabalhadoras em favor de uma nova constituinte, com oligarquias, por influência da máquina estatal. Essa movimentação também foi apoiada pelo PCB, que acabou desgastando Vargas junto aos militares e à classe burguesa. Devido à proibição de partidos políticos pela Constituição de 1937, só a partir de 1944 deu-se início à reorganização dos quadros partidários. Entre os principais partidos, figuraram o Partido Social Democrático (PSD), a União Democrática Nacional (UDN), o Partido Trabalhista Brasileiro (PTB) – criado pelo próprio Getúlio Vargas – e o Partido Comunista Brasileiro (PCB).

Em 1945, o quadro tornou-se insustentável e provocou a renúncia de Getúlio Vargas. Foi durante essa fase que o crescente processo de industrialização mudou o cenário político, com os partidos sendo constituídos por pessoas ligadas a trabalhos urbanos, como banqueiros, diretores, advogados e empresas internacionais (Saviani, 2008, p. 279).

No âmbito da docência musical, um exemplo da centralização do governo federal ocorreu a partir de 1945, por meio da obrigatoriedade de formação regular dos professores de Música nos cursos oferecidos no Rio de Janeiro e em São Paulo (Fonterrada, 2008). Essa seria a última medida oficial em relação às políticas de utilização da música durante o período do Estado Novo.

A manutenção política durou justamente até a deposição de Getúlio Vargas, no dia 29 de outubro de 1945. Com a saída de Vargas, ações no sentido de retomar as vias democráticas sustentadas em novos ideais liberais novamente emergiram das classes políticas e intelectuais. A essência liberal dessa nova fase da corrente política nacional assumiu a forma da Constituição promulgada em 16 de setembro de 1946, já no governo do presidente Eurico Gaspar Dutra. Desde então, além da exclusão política, as massas populares passariam também por um processo de exclusão cultural. Justamente pela essência populista do governo getulista, o aspecto cultural esteve presente nas classes mais baixas, mesmo como forma de influência ideológica. A partir dessa cisão entre a elite política e a classe operária ainda em formação, o plano cultural estaria fora do alcance das camadas populares. As transformações políticas a partir de 1946 deixaram a massa da população brasileira à margem do processo de desenvolvimento do país, dividida entre os que permaneciam no contexto rural e os que compunham o caótico desenvolvimento urbano brasileiro.

No âmbito nacional, a década de 1950 contou com importantes fatos históricos que, de alguma forma, impactaram no campo cultural. Um evento significativo aconteceu no início da década, no dia 31 de janeiro de 1951, quando Getúlio Vargas assumiu novamente o cargo de presidente do Brasil, eleito por voto direto. Vale ressaltar que o forte desenvolvimento econômico desse período provocou transformações em todos os setores da vida social brasileira. A partir de então, a relação entre a chamada "música popular" e o contexto político e econômico brasileiro estaria vinculada de forma cada vez mais evidente. Como Tinhorão (2010, p. 329) explica:

> A música agora chamada de tradicional (porque continuava a desenvolver-se dentro da interação de influências culturais campo-cidade, ao nível das camadas mais baixas) seguiria sendo representada pelos frevos pernambucanos, pelas marchas, sambas de Carnaval, sambas de enredo, sambas-canções, toadas, baiões, gêneros sertanejos e canções românticas em geral. Isto é, como a situação econômica e cultural das grandes camadas não se modificava substancialmente, e suas condições de lazer portanto mudavam, a sua música continuava a dirigir-se ao Carnaval e às necessidades de lirismo, sentimentalismo ou de drama, conforme as pressões maiores ou menores exercidas pelo sistema econômico-social sobre sua estrutura estabilizada na pobreza e na falta de perspectiva de ascensão.

De certa forma, as manifestações carnavalescas ganharam características militares, nas quais os desfiles públicos adquiriram o papel de mostrar um novo ideal brasileiro inspirado nos movimentos de massa europeu, como o nazismo e o fascismo. Devidamente "abrasileiradas", essas manifestações de grande porte "cooptaram" elementos da música das camadas mais baixas e deram a elas um tom nacionalista, simbolizando um novo país.

Em alto e bom som

A partir da década de 1950, a separação entre a música das camadas mais altas e a das camadas mais baixas seria cada vez maior. Embora as identidades regionais já estivessem formadas, o contexto econômico e político acabou reunindo condições nas quais um novo período ditatorial se estabeleceu. Ao mesmo tempo, a música transformou-se não só em forma de expressão desse período, mas em um meio de crítica ao contexto político e social. Essa música crítica ao panorama nacional não foi oriunda das classes mais baixas, mas ainda hoje é reconhecida como o que chamamos de *música popular brasileira*.

4.5 Década de 1960 e ditadura civil-militar

O contexto econômico brasileiro na década de 1960 deparou-se com a dificuldade de incluir no mercado de trabalho os jovens formados nas universidades, o que fez com que esses estudantes, inquietos com suas perspectivas de futuro dentro desse quadro social e econômico, passassem a ter uma atitude mais crítica em relação à política. A partir desse fenômeno,

> o reflexo mais visível dessa nova atitude da jovem geração carioca da alta classe média dos anos 60 – ainda mal acordada do sonho ilusório da conquista lírica de uma boa vida, claramente expressa na temática da flor, amor, céu, azul e mar de seus primeiros sambas – foi a formação, na União Nacional dos Estudantes, a UNE. (Tinhorão, 2010, p. 330)

Dentro desse movimento de engajamento político, também foi idealizado o Centro Popular de Cultura, o chamado CPC, "criado para promover, além de discussões políticas, a produção e divulgação de peças de teatro, filmes e discos de música popular" (Tinhorão, 2010, p. 331). Entre seus objetivos constava o de deslocar "o sentido comum da música popular, dos problemas puramente individuais para um âmbito geral: o compositor se faz o intérprete esclarecido dos sentimentos populares" (Conjunto CPC, citado por Tinhorão, 2010, p. 331). Esse movimento musical veio a ser conhecido como bossa nova, no qual elementos de estilos musicais estrangeiros, principalmente do *jazz*, misturaram-se aos da música brasileira.

É interessante observar que para essa tarefa, os músicos e os artistas que compunham o CPC e a UNE tinham uma formação extremamente influenciada por valores não nacionais, inclusive musicais, o que levou a um estado contraditório. A população não compreendia o que esses órgãos tentavam transmitir como uma cultura popular. Disso surgiram, então, dois fenômenos distintos: uma cultura que tinha como objetivo um processo de popularização; e uma cultura popular ou, em um sentido mais específico, das massas populares.

Durante esse período, houve tentativas de aproximação desses dois universos cada vez mais distantes. Compositores como Nelson Cavaquinho e Cartola foram convidados por figuras importantes da bossa nova, como Nelson Lins e Barros e Carlos Lira, a apresentarem suas músicas como verdadeiros representantes das classes mais populares. Contudo, a experiência não se mostrou prolífica como era esperado. Os estilos harmônicos e rítmicos mostraram-se incompatíveis. Com isso, depois de outras tantas tentativas de aproximação realizadas com maior ou menor sucesso, Tinhorão (2010, p. 333) considera que elas se revelaram impossíveis,

> uma vez que os músicos e compositores da classe média insistiam em obter uma comunhão cultural a partir da imposição autoritária do seu estilo de bossa nova (o que se tornava uma barreira intransponível), os artistas representantes das camadas mais elevadas resolveram abandonar a experiência, e passar a procura de um resultado musical mais diretamente ligado à realidade da própria classe.

Segundo a perspectiva de Tinhorão (2010), os jovens estudantes pertencentes às classes mais altas, inseridos no contexto universitário, consideravam-se em um grau superior culturalmente. Por isso, tiveram a iniciativa de colocarem-se como responsáveis por liderar ideologicamente as massas, mostrando-lhes, por meio da música, as razões da sua pobreza e do subdesenvolvimento brasileiro. Isso esteve inserido em um movimento que abarcou não só a música, mas outras manifestações artísticas, como o teatro.

O espírito de protesto que tomou conta das classes mais altas no Brasil decorreu da instauração do regime ditatorial civil-militar, no dia 1 de abril de 1964. Autores como Reis (2014) consideram que o golpe que depôs o então presidente João Goulart (1919-1976) foi caracterizado, em grande parte, pela participação da sociedade civil com os militares. Entre as manifestações civis de apoio ao golpe, estiveram movimentos como a Marcha da Família com Deus pela Liberdade (Reis, 2014). Eventos políticos dessa natureza causariam grandes transformações nos planos social e cultural. Dessa forma, a música assumiu uma grande importância nos anos de ditadura militar, inclusive como expressão da resistência ao regime.

A partir de 1964, a sociedade brasileira estava inserida em um quadro político e econômico cujo objetivo foi integrar o país em um cenário mundial no qual a influência americana teve grande peso. Assim, surgiram os primeiros festivais de música popular já sem elementos da bossa nova, ficando clara a impossibilidade da "conquista da aliança popular para fins de protesto contra as injustiças sociais por meio de canções" (Tinhorão, 2010, p. 334).

Com o passar dos anos, a tolerância do governo militar em relação às músicas de protesto tornou-se cada vez menor. Quanto mais ele consolidava seu poder, mais rigorosa e violenta tornava-se a repressão sobre os artistas dissidentes e críticos ao regime. O auge da repressão foi simbolizado pelo Ato Institucional Número 5 (Brasil, 1968).

Foi no final da década de 1960 que novas gerações de jovens, vindos de classes mais altas já influenciadas pelo processo de massificação da produção sonora, deram origem a um novo estilo musical no Brasil, o tropicalismo. Por um lado, essa geração de músicos e compositores buscou, à sua maneira, levar elementos tradicionais à música de mercado. Por outro, era influenciada diretamente pelas sonoridades estrangeiras, fazendo com que o quadro cultural brasileiro se tornasse ainda mais complexo. O tropicalismo surgiu por meio de compositores baianos que tentaram criar uma continuidade evolutiva da bossa nova carioca. Nessa perspectiva, a música brasileira foi tomada pela influência do *rock* americano, que no estilo nacional ficou conhecido como *iê-iê-iê*, assim como houve, na bossa nova, com o *jazz* dez anos antes (Tinhorão, 2010).

A partir dos anos de 1960, esses compositores tentariam promover uma maior aproximação com as camadas populares. Para Tinhorão (2010, p. 340), essa iniciativa levou ao "'retrocesso' da grandiloquência dos arranjos de festival, da aproximação artificial com temas folclóricos e a preocupação ideológica nas letras". Esse processo fez com que a música tomasse um rumo idealista, no qual as divisões de classes seriam transcendidas e tal movimento musical seria adotado pela população em geral. Isso gerou uma situação de impasse musical, em que a música das classes mais baixas perdeu força, e "a aproximação com o 'popular' e o 'folclórico' não conseguia identificá-la com a maioria do povo" (Tinhorão, 2010, p. 340).

A música das camadas mais baixas já não tinha espaço nos meios de divulgação comerciais, ao passo que a música brasileira das camadas mais altas tinha dificuldade de penetrar em contextos diferentes. Esse fato levou ao surgimento dos modismos musicais, já que nenhum estilo conseguia mais se firmar.

Como exemplifica Tinhorão (2010, p. 364), entrando na década de 1970 até seu final,

> às vogas nacionais do carimbó paraense (através do sucesso conseguido de 1973 a 1976 no centro-sul pelo grupo do antigo sargento de polícia Pinduca, cujas músicas passariam ao repertório de cantores urbanos, como a carioca Eliana Pittman); do estilo choro em 1973 (em fenômeno equivalente ao *revival* do *jazz* primitivo nos EUA, na década de 1940), e cujo ponto alto seriam [sic] os festivais pela TV Bandeirantes, de São Paulo, em 1977 e 1978; e, finalmente, a partir de meados da década de 1980, dos sambas à base de estribilhos improvisados das velhas rodas de partido alto (que nunca deixaram de ser cultivadas entre as comunidades urbanas negro-brasileiras), agora como produção para o disco sob o novo nome genérico de pagode.

Os gêneros musicais misturavam-se às influências estrangeiras, como se tivessem o objetivo de se desenvolver como a vanguarda da música comercial mundial, em que apenas a adoção de elementos musicais superficiais faria determinado estilo musical suficientemente interessante para o consumo das massas populares. Ao mesmo tempo, houve inúmeras tentativas de adoção de elementos de música folclórica nesse tipo de produção, que ficou caracterizada por sua abordagem artificial.

Em todo esse processo de mercantilização de estilos musicais variados, um estilo destacou-se: o sertanejo. A antiga música composta no contexto rural passou a ser produzida como ferramenta para alcançar as populações do meio urbano. Esse gênero musical continuou popular mesmo não contando com o poder de divulgação dos outros estilos, mas, ainda assim, promovendo apresentações musicais que ocorriam, inclusive, em praças e circos. De certa forma, tal fenômeno persiste até hoje, com a música "sertaneja", que ainda tem um grande apelo popular, tanto no contexto rural como no urbano. Em parte, esse fenômeno se deve ao poder que a categoria de música sertaneja teve – e ainda tem – de absorver diferentes elementos musicais. Desde a utilização de instrumentos eletrônicos até o uso de instrumentos mais rústicos, passando por diferentes estilos de composição, a música sertaneja tornou-se a responsável por esse "casamento" entre as músicas de origem popular e as de mercado compostas para o consumo das massas populares.

Durante o período ditatorial militar, a influência comercial ligou-se de forma definitiva tanto em relação aos estilos musicais compostos para as massas quanto aos estilos que pretendiam defender de forma mais incisiva os elementos musicais nacionais. Essa característica continuou pela década de 1970 e se estabeleceu de forma mais poderosa na década de 1980. Os meios de comunicação, como o rádio e a TV, já tinham se popularizado, dando origem a uma verdadeira indústria do lazer, a qual adotou definitivamente o *rock* brasileiro como sua principal mercadoria, deixando os outros estilos, herdeiros da bossa nova e do tropicalismo, como "produtos para exportação".

Esses "produtos" tiveram ampla disseminação em mercados musicais, com espaço para um tipo "exótico" de mercadoria musical. Se politicamente os anos 1980 são evocados pela transição da ditadura para a democracia, também são lembrados pela separação definitiva entre uma música genuinamente popular e a de massa, fruto de uma indústria de consumo cultural. Como lembra Tinhorão (2010, p. 342), consolidou-se comercialmente um estilo que "o espírito satisfeito dos colonizados passaria a chamar, a partir da década de 1980, de 'rock brasileiro'".

De certa forma, esse fenômeno ainda se faz presente atualmente. Mudaram os estilos, seus nomes e suas características, mas a influência econômica sobre o estilo musical a ser consumido pelas massas continua.

 Resumo da ópera

Neste capítulo, evidenciamos o estabelecimento do ideal nacionalista nos campos educacional e cultural. Nesse período, houve a disseminação prática do canto nas escolas de algumas regiões brasileiras como meio de aprendizado musical e cultural. Em seguida, esse quadro político se desdobrou em um golpe, conhecido como Revolução de 1930, sob a liderança de Getúlio Vargas. Posteriormente, abordamos a forma como o ideal hegemônico getulista ganhou força e como o canto orfeônico foi uma ferramenta de grande importância nesse processo de difusão. Sob a coordenação de Villa-Lobos, a prática do canto orfeônico absorveu elementos das canções folclóricas sem perder seu papel político na prática educacional.

Além disso, tratamos da queda do governo getulista, da expansão econômica brasileira e do rompimento definitivo entre as músicas das elites econômicas e das classes mais baixas. Discutimos, ainda, sobre o período ditatorial militar, que teve início em 1964, no qual a música se constituiu como um meio de protesto contra o quadro político e social, dentro de um espectro específico, tentando se popularizar e representar as insatisfações do povo brasileiro. Contudo, ao mesmo tempo, houve a solidificação de uma indústria de consumo cultural e o surgimento de uma música comercial. Isso fez com que a dicotomia entre a música das elites – sociais e econômicas – e a música das massas populares se tornasse ainda mais complexa. A partir de então, até a atualidade, o mercado passou a ser determinante sobre o consumo musical, tentando absorver elementos musicais realmente populares para disseminar uma música genuinamente comercial.

Diante do exposto, observamos, no decorrer deste capítulo, que a "politização" da cultura popular e do folclore para fins ideológicos ou econômicos foi realizada, na maioria das vezes, de forma artificial, sendo a transmissão de ideais hegemônicos seu principal objetivo.

 Teste de som

1. Qual foi a concepção pedagógica que teve maior disseminação no Brasil a partir da década de 1920?
   a) Escola Liberal.
   b) Escola Nova.
   c) Escola Inovadora.
   d) Escola Crítica.
   e) Escola Moderna.

2. A seguir, assinale V para as assertivas verdadeiras e F para as falsas, considerando os principais preceitos difundidos

pela concepção educacional da Escola Nova, na perspectiva de Miguel (1997):

( ) O professor é a figura central do processo educacional.
( ) O ritmo de aprendizagem é compartilhado por todos os estudantes.
( ) O processo de desenvolvimento educacional é fundamentado na experiência do aprendizado.
( ) O ritmo de aprendizagem de cada indivíduo é respeitado.

Agora, assinale a alternativa que apresenta a sequência obtida:

a) V, F, V, F.
b) F, F, V, V.
c) F, F, F, V.
d) V, F, F, F.
e) V, F, F, F.

3. Como Chaves (2013) sintetiza a prática do canto orfeônico a partir da década de 1920 no Brasil?
   a) Como a prática de canto a uma voz, executada por formações com grande quantidade de estudantes ou operários.
   b) Como a prática de canto a uma voz, executada por formações com pequena quantidade de participantes.
   c) Como a prática de canto a várias vozes complexas, executada por formações de estudantes de música.

d) Como a prática de canto a várias vozes, executada por formações com grande quantidade de participantes.

e) Como a prática de canto a uma voz, executada por formações com grande quantidade de estudantes de instituições de ensino particulares.

4. Qual foi o compositor brasileiro responsável pela implementação e pela prática do canto orfeônico no contexto escolar no governo de Getúlio Vargas, na década de 1930?
   a) Carlos Gomes.
   b) Alberto Nepomuceno.
   c) Heitor Villa-Lobos.
   d) Claudio Santoro.
   e) Camargo Guarnieri.

5. Em meio à mercantilização musical do século XX, qual estilo se destacou por sua popularidade, embora não contasse com o mesmo poder de divulgação de outros no início de sua popularização no país?
   a) Bossa nova.
   b) Tango.
   c) Modinhas.
   d) *Rock*.
   e) Sertanejo.

Treinando o repertório

Pensando na letra

1. Basicamente, neste capítulo tratamos do papel político presente na educação entre as décadas de 1930 e 1960. No contexto atual, você considera que a música ainda pode ser um agente político? Por quê?

2. Também discutimos, neste capítulo, que a música esteve presente no contexto educacional brasileiro por meio da prática do canto orfeônico. A esse respeito, atualmente, quais poderiam ser outras maneiras de inserção da música dentro do ambiente educacional de escolas e projetos sociais? Como podemos relacionar a música com outras disciplinas e atividades nesses contextos?

Som na caixa

1. Partindo da sua própria experiência musical, liste os valores transmitidos pelas músicas com as quais você tem mais contato. Depois, reflita sobre como os valores listados podem se relacionar a um exercício de senso crítico, à construção da cidadania e estimulam o convívio social considerando o quadro constitucional republicano.

Capítulo 5
O FOLCLORE NAS REGIÕES BRASILEIRAS

Neste capítulo, apresentaremos algumas manifestações folclóricas de cada região brasileira, valorizando a diversidade cultural do nosso território. Vale lembrar que algumas dessas manifestações estão presentes em mais de uma região e pode haver variação em suas práticas, seus enredos ou seus elementos musicais de acordo com cada localidade. Nesse sentido, para melhor contextualização, abordaremos também alguns aspectos sobre a história, a economia e os dados oficiais territoriais e populacionais de cada região, mostrando suas relações sociais com as manifestações folclóricas.

Em relação às formas de manifestação do folclore musical, alguns apontamentos se fazem necessários. Como explica Megale (1999), grande parte da música folclórica brasileira não é unicamente instrumental, estando sempre relacionada ao canto, à dança ou às formas religiosas ou profanas de cerimônia.

Por essa razão, optamos por apresentar manifestações nas quais a música tem uma presença marcante, levando em conta a impossibilidade de discutirmos todas as práticas musicais folclóricas em um livro como este. A seleção dessas manifestações tem o intuito de apresentar e contextualizar algumas características regionais de forma didática, servindo como uma introdução ao estudo da vasta e complexa gama de práticas musicais inseridas no folclore nacional. Como complementação dessas informações, foram adicionados pequenos extratos de partituras para instrumentos percussivos, como meio de aprofundar e exemplificar os diferentes estilos musicais abordados.

Só as melhores

Para um maior aprofundamento nas manifestações folclóricas com a presença da música, sugerimos os trabalhos de Rangel (2002), Salermo (2006), Cortês (2000), Almeida e Pucci (2002), Dumont (2000), Souto Maior e Lossio (2004) e Reis (2010). No final deste capítulo, encontram-se uma série de indicações culturais constituídas de vídeos sobre as manifestações folclóricas apresentadas, com registros de suas práticas e documentários sobre sua história e suas características particulares.

5.1 O folclore na Região Norte

A Região Norte é composta pelos estados de Roraima, Tocantins, Rondônia, Pará, Amazonas e Acre. Trata-se da região mais extensa geograficamente, com uma área de aproximadamente 3.853.676,948 km². Inversamente, também é a região menos populosa, com cerca de 18 milhões de habitantes. Caracteriza-se pelas altas temperaturas e grande quantidade de chuvas, com números superiores a 2.000 mm por ano. Essa peculiaridade se deve ao clima equatorial úmido, predominante nessa área do país.

A formação populacional da Região Norte remete aos povos indígenas que povoavam o território até a chegada dos primeiros colonizadores portugueses e espanhóis. As comunidades indígenas eram originárias do período pré-colombiano e apresentam-se em grande variedade de aldeias. A partir do século XVII, as atividades extrativistas estiveram presentes com grande força, devido à imensurável riqueza natural, principalmente nas regiões da Floresta Amazônica. Do século XVIII até meados de 1910, houve o ciclo da borracha, com a extração do látex das seringueiras, principalmente nos estados do Acre e do Amazonas. Com os distintos tipos de extrativismo e a redução da população indígena, a Região Norte também viveu um forte processo de miscigenação de sua população. Como exemplo, podemos citar não só as populações negras e indígenas, mas também a presença europeia ainda no início do século XX, interessados no comércio de castanhas-do-pará. Esse período coincidiu com o fim do ciclo de extração do látex, tornando-se a alternativa econômica para a região. Porém, as tensões em relação aos problemas econômicos e sociais gerados pela atividade de extração do látex seriam permanentes.

A partir da década de 1950, foram tomadas medidas para estimular o desenvolvimento econômico, com a criação do Instituto Nacional de Pesquisa da Amazônia (Inpa), em 1952. Dando continuidade às medidas de desenvolvimento na região, foi criada a Superintendência de Desenvolvimento da Amazônia (Sudam), em 1966. Em seguida, em 1967, criou-se a Zona Franca de Manaus, em que indústrias e empresas de diferentes segmentos teriam incentivos para seu estabelecimento nessa área, para a formação de um polo industrial.

Tais medidas propiciaram um significativo desenvolvimento econômico, principalmente nas cidades de Manaus e Belém, com o investimento em infraestrutura – transporte, energia elétrica, estradas – e em bens culturais, como bibliotecas, teatros e jardins públicos. Devido às tensões decorrentes do assassinato do líder sindical Chico Mendes, em 1988, em 1990 foi criada a primeira reserva de extração de látex, castanha-do-pará e açaí, na cidade de Xapuri, no Estado do Acre.

Mesmo com o desenvolvimento econômico de diferentes setores, a atividade extrativista ainda ocupa um lugar de proeminência para a região. Entre os exemplos de atividades com grandes dimensões, está o Programa Grande Carajás (PGC), que se destaca pela extração de minérios, além de produtos de origem vegetal, como madeira, látex, guaraná, açaí etc. O turismo também tem seu espaço para o contexto econômico da região, com um grande fluxo de visitantes, em grande parte, de outros países. Por isso, nos últimos anos a Região Norte também assistiu a um significativo crescimento e estruturação na sua rede hoteleira e no setor de prestação de serviços.

A região tem a maior área florestal do planeta, com uma imensa biodiversidade e uma enorme riqueza hidrográfica, tornando seu território de difícil exploração. Isso fez com que essa área ainda contenha o maior número de indígenas e aldeias do país, o que favoreceu a manutenção de suas tradições culturais. No seu interior, ainda habitam povos indígenas e ribeirinhos que eventualmente tiveram um contato menor com a cultura de exploradores de outras regiões e países. Como fruto dessas características na formação de sua população, os temas principais das manifestações folclóricas da Região Norte estão ligados intimamente à natureza. Desse processo, emanam as mais ricas manifestações folclóricas, demonstrando os encantos e os mistérios que permeiam os mitos e o imaginário popular dessa região.

A contemplação da natureza também está fortemente relacionada às suas tradições musicais, com forte ligação entre elementos mágicos e sentimento religioso. A música está presente nas canções infantis, na lenda do uirapuru e nas danças tradicionais. A seguir, faremos uma pequena apresentação dos elementos culturais mais proeminentes dessa região.

- **Carimbó** (Partitura 5.1): dança típica das regiões amazônicas, nomeada Patrimônio Cultural Imaterial do Brasil em 2014. Típica do Estado do Pará, a coreografia dessa dança consiste em passos curtos, formando pares em forma de roda. Os instrumentos musicais que acompanham a dança são percussivos e de origem indígena, sendo que também podem ser incluídos instrumentos de cordas e de sopro, característicos da influência europeia. A prática do carimbó está relacionada às festas religiosas e profanas. Existem variações de acordo com as diferentes regiões do Estado do Pará, nas quais as vestimentas de seus participantes e os instrumentos musicais utilizados podem diferir. Podemos citar como exemplos o carimbó rural, o carimbó praieiro e o carimbó pastoril. No carimbó, os compositores e divulgadores da música são conhecidos como mestres.

Partitura 5.1 – Carimbó

- **Marujada**: dança de origem africana praticada em homenagem a São Benedito, miscigenada a elementos portugueses, com instrumentos de cordas e cantos de até três vozes. De caráter festivo, está presente nas grandes datas do calendário litúrgico católico. A dança divide-se entre homens e mulheres (marujos e marujas) e pode contar também com crianças. As cores dos trajes variam de acordo com as datas comemorativas. Os detalhes em azul são utilizados nas comemorações natalinas, enquanto o vermelho é utilizado em homenagem a São Benedito. Os temas dos cantos tratam do mar e das navegações, enquanto as coreografias encenam os movimentos do mar e dos barcos. Em sua forma mais tradicional, a música da marujada é praticada com o acompanhamento instrumental da rabeca, do banjo e do bumbo. As mulheres são as principais figuras na dinâmica da prática, sendo responsáveis pela condução da dança e das festividades. A marujada tem um especial papel e valor cultural na cidade de Bragança, no Pará.

- **Lundu** (Partitura 5.2): música de ritmo marcante e de dança sensual, trata-se de uma das mais clássicas miscigenações musicais brasileiras. De origem africana, o lundu chegou ao Brasil por meio dos escravos vindos de países como Angola e Congo. O lundu também tem origem em antigas manifestações africanas chamadas *calundu*. Por essa razão, foi discriminado e sua prática foi proibida em festividades religiosas e teatros. Reunindo instrumentos de percussão africanos, instrumentos de cordas de origem portuguesa e cantado a uma ou duas vozes, o lundu foi considerado um dos primeiros gêneros musicais genuinamente brasileiros. Sua prática ainda tem ampla disseminação em localidades como a Ilha de Marajó, no Estado do Pará.

Partitura 5.2 – Lundu

- **Boi-bumbá** (Partitura 5.3): essa manifestação se configura de diferentes maneiras no território nacional. Seus contos variam sobre a história de um fazendeiro que deu um boi para sua filha mais velha. O animal ficou aos cuidados de um vaqueiro que, para atender aos desejos da filha do fazendeiro que estava grávida, matou o boi para tirar sua língua. Sabendo que se tratava do boi favorito do fazendeiro, o vaqueiro fugiu e, depois de capturado, ressuscitou o boi que havia sido morto. Toda essa história é narrada por meio de músicas e danças, com instrumentos percussivos. No Brasil, a sua prática mais famosa ocorre durante o Festival Folclórico de Parintins. Essa festa popular acontece na cidade de Parintins, no Amazonas, e trata da história de origem europeia sobre dois bois, conhecidos como Caprichoso e Garantido. A festividade, que ficou conhecida como Auto dos Bois, atrai grande número de turistas para a cidade durante as festividades. Uma arena especial foi construída para a sua realização, conhecida como Bumbódromo.

Partitura 5.3 – Boi-bumbá

- **Marabaixo**: principal manifestação folclórica presente no Estado do Amapá e que se divide em duas partes. A primeira, de ritual religioso, homenageia o Divino Espírito Santo e a Santíssima Trindade. Já a parte profana é constituída de bailes e danças, nos quais as mulheres vestem saias rodadas e lenços coloridos, e os homens, trajes brancos. A parte musical é constituída pelo canto improvisado de homens e mulheres acompanhados de instrumentos de percussão.

5.2 O folclore na Região Nordeste

Os estados que formam a Região Nordeste são Bahia, Alagoas, Pernambuco, Paraíba, Rio Grande do Norte, Piauí, Ceará e Maranhão. Em decorrência das características geográficas, ela é dividida em quatro sub-regiões: Zona da Mata, Agreste, Sertão e Meio-Norte. Sua extensão territorial tem por volta de 1.558.000 km² e sua população ultrapassa o número de 53,59 milhões de habitantes.

Trata-se da segunda região mais populosa do Brasil, com grande diversidade étnico-cultural. Essa característica remete ao início da formação populacional do país, a partir do dia 22 de abril de 1500, com a chegada de uma expedição marinha sob o comando de Pedro Álvares Cabral, no local em que hoje se encontra a cidade de Porto Seguro, no Estado da Bahia. Posteriormente, essa região viveu o início do processo de miscigenação cultural, quando os primeiros colonizadores europeus chegaram ao território nacional e travaram contato com os primeiros nativos. Esse processo desencadeou o primeiro ciclo econômico na região, com a extração do pau-brasil e a utilização da mão de obra indígena.

Outros fatos importantes sobre a formação populacional do Nordeste foram a implementação das Capitanias Hereditárias, em 1534, e as invasões europeias, entre 1624 e 1654. A partir da consolidação da produção da cana-de-açúcar no século XVII, houve a necessidade de uma numerosa e resistente mão de obra para o trabalho nos extensos canaviais. Os colonizadores portugueses iniciaram o tráfico de populações negras vindas da África, comercializadas durante três mais de três séculos, entre 1550 e 1888. Essa medida tinha o objetivo de aumentar a produção de açúcar nos territórios comandados pelos senhores de engenho, em um processo que marcou o segundo grande ciclo econômico brasileiro.

A partir do século XVII, ocorreu o declínio da produção de cana-de-açúcar, fazendo com que a região vivesse um extenso quadro de dificuldades econômicas e sociais, o qual só apresentou um processo de desenvolvimento a partir do século XIX, com a chegada da Família Real Portuguesa, em 1808. Com a vinda de Dom João VI (1785-1826) e da corte portuguesa, foram tomadas várias medidas, entre elas, a abertura de escolas, visando ao desenvolvimento da região.

Graças à Proclamação da República, em 15 de novembro de 1889, a Região Nordeste viu-se cada vez mais esquecida pelos governantes, fato que deu origem a um grande aumento dos conflitos internos, dos problemas de ordem social, do desemprego, entre outras consequências. Já no século XX, a partir das décadas de 1960 e 1970, houve o início de um grande fluxo de migrantes para outras regiões brasileiras, buscando melhores condições sociais e econômicas. O último grande ciclo econômico nordestino começou no início do século XXI.

Uma das atividades econômicas de maior destaque na região é o turismo, devido à combinação de atrações históricas e belíssimas paisagens naturais. O turismo também é alavancado por conta das festas de grande porte, como o carnaval e o bumba meu boi, que atraem um grande número de turistas brasileiros e estrangeiros durante seus períodos de realização. Outra atividade de destaque do Nordeste é a exploração de petróleo, o que faz da região a segunda maior produtora em solo, contando com um dos mais importantes polos de produção na cidade de Camaçari, na Bahia. Outro ponto de relevância está nos incentivos fiscais oferecidos pelos estados do Nordeste para a implementação de indústrias na região. Entre os exemplos, podemos citar a Ford, também no estado da Bahia.

Enfim, a Região Nordeste representa o ponto de início do desenvolvimento brasileiro e preserva até hoje suas fontes de influência cultural, já que as relações de miscigenação entre europeus, negros e indígenas tiveram início nessa região. Apesar de as populações de origem negra não terem liberdade plena de manifestação cultural ao longo da história, sua cultura sobreviveu, miscigenando-se às culturas indígena e europeia, tornando o folclore nordestino rico em número e variedade de manifestações.

Entre as manifestações folclóricas com a presença marcante da música, estão:

- **Coco de roda** (Partitura 5.4): dança que mistura elementos africanos e indígenas com cantos e instrumentos de percussão. Outra característica marcante do coco de roda são os sons das sandálias de madeira, que conferem a cadência característica da música. A origem da dança é incerta, tendo nos estados de Pernambuco, Alagoas e Paraíba seu possível local de surgimento. O coco é pertencente aos folguedos juninos, mas também é praticado em outros períodos do ano.

Partitura 5.4 – Coco de roda

- **Frevo** (Partitura 5.5): dança e música executada principalmente por instrumentos de sopro, como trompete, trombone, saxofone e tuba, que conta também com o acompanhamento de percussão. O frevo teve sua origem com a mistura de diferentes danças nordestinas e é praticado principalmente durante o carnaval, com destaque para as cidades de Olinda e Recife. Caracteriza-se pelo ritmo acelerado de seus passos e movimentos e pela forma de bloco que desfila pelas ruas das cidades. Em 2012, foi designada

Patrimônio Imaterial da Humanidade pela Organização das Nações Unidas para a Educação, a Ciência e a Cultura (Unesco).

Partitura 5.5 – Frevo

- **Samba de roda** (Partitura 5.6): trata-se de um dos descendentes do lundu africano, que incorpora ritmos percussivos ao canto e à dança. Os primeiros registros de sua prática remetem a 1860 e têm na região do Recôncavo Baiano uma de suas formas mais tradicionais, aliando o ritmo africano aos movimentos de capoeira. O reconhecimento oficial da importância cultural do samba de roda do Recôncavo Baiano ocorreu em 2004, quando foi nomeado Patrimônio Cultural do Brasil pelo Instituto do Patrimônio Histórico e Artístico Nacional (Iphan). O reconhecimento internacional veio logo em seguida, no ano de 2005, quando foi nomeado obra-prima do Patrimônio Oral e Imaterial da Humanidade pela Unesco. O samba de roda é considerado um dos gêneros musicais tipicamente brasileiros e foi fonte inspiradora de diferentes variações em todo o Brasil ao longo da história.

Partitura 5.6 – Samba de roda

- **Maracatu nação ou maracatu de baque virado** (Partitura 5.7): tradicional do estado de Pernambuco, esse tipo de maracatu está presente principalmente na região de Recife. Trata-se de uma manifestação que sintetiza dança, música e religiosidade. Constitui-se de um cortejo com coreografias que simulam uma corte. Nela, estão presentes elementos das culturas portuguesa, indígena e africana, devido ao fato de ter se originado na coroação do Rei do Congo. No dia de Nossa Senhora do Rosário, havia coroações de reis negros, servindo tanto como uma forma de abarcar a cultura negra no seio da religião católica como de perpetuação das culturas africanas. A parte musical do maracatu nação é composta de cantos e instrumentos de percussão, como tambores, bumbos e chocalhos. A partir de artistas como Chico Science, o maracatu nação disseminou-se no Brasil, com grupos que pesquisam sua história e perpetuam suas práticas em diferentes regiões brasileiras.

Partitura 5.7 – Maracatu nação

- **Maracatu rural ou maracatu de baque solto** (Partitura 5.8): uma das diferenças entre o maracatu rural e o maracatu nação é a localização de sua prática, presente de forma mais marcante na região da Zona da Mata, também no estado de Pernambuco. Outra diferença de destaque presente no maracatu rural reside no fato de que em seu cortejo são representados trabalhadores rurais. Isso faz com que existam diferenças entre os personagens, as danças e o ritmo percussivo que o acompanha, com presença marcante de instrumentos como o gongueiro, o tarol e o ganzá. A própria dinâmica de desfile do cortejo também é diferente, acompanhada de ritmos marcados de forma mais acelerada.

Partitura 5.8 – Maracatu rural

- **Embolada** (Partitura 5.9): desafio musical praticado por dois músicos acompanhados por pandeiros. A partir de um determinado tema, as rimas da embolada são alternadas e improvisadas, com liberdade de vocabulário e de métrica. Uma característica marcante está no tom cômico presente nas improvisações proclamadas. Não existem critérios técnicos para a composição dos versos e os ritmos executados no pandeiro podem variar durante sua declamação. Tradicionalmente, as apresentações das duplas de embolada são feitas em praças e feiras em espaço aberto, nas quais o público presente participa como o "termômetro" da criatividade dos músicos.

Partitura 5.9 – Embolada

5.3 O folclore na Região Centro-Oeste

A Região Centro-Oeste é formada pelos estados de Mato Grosso, Mato Grosso do Sul, Goiás e pelo Distrito Federal, onde se localiza Brasília, a capital da República Federativa do Brasil. Na cidade de Brasília também estão localizadas a Câmara dos Deputados Federais, o Senado Federal, o Supremo Tribunal Federal e o Palácio do Planalto. Formada por planícies de baixa altitude, onde se localiza o Pantanal, e por planaltos de alta altitude, como a Chapada dos Guimarães, a região caracteriza-se pela grande diversidade e riqueza ambiental. No aspecto territorial, é a segunda maior região em extensão, com cerca de 1.612.000 km², e uma população de aproximadamente 17 milhões de habitantes.

A economia é essencialmente agrícola, com destaque para o plantio de soja e a pecuária bovina, fazendo do Centro-Oeste brasileiro uma região com grande quantidade de latifúndios. Justamente pelo grande poder produtor agropecuário, as questões em relação à preservação ambiental têm ganhado força, devido aos problemas causados por essas atividades. Entre os principais, estão o desgaste e a contaminação do solo, por conta da presença de grandes monoculturas, além do desmatamento provocado pela expansão dessa prática. Como o tipo de solo não é totalmente adequado aos tipos de monocultura presentes na região, a utilização e o desenvolvimento de produtos transgênicos também ganharam força. Por isso, existe grande preocupação sobre os desdobramentos de sua prática em médio e longo prazos. Outras questões de grande importância quanto ao meio ambiente estão relacionadas à erosão causada pela prática agropecuária, aliada aos grandes períodos de seca na região.

É curioso observar que apesar do poder da economia agropecuária, a maior parte da população do Centro-Oeste habita regiões urbanas. Isso ocorre por duas razões principais. A primeira deve-se ao fato de a produção agropecuária contar com grande investimento tecnológico, substituindo a mão de obra humana pelo trabalho mecanizado. Esse processo de modernização do trabalho no campo causou grande migração para os centros urbanos. E a segunda razão dá-se pela quantidade de instituições públicas em Brasília. Ainda hoje, esta é uma das cidades com o maior fluxo de migração em busca de oportunidades de emprego.

A construção de Brasília durante o governo de Juscelino Kubitschek, com inauguração em 21 de abril de 1960, teve entre suas principais funções a povoação da Região Centro-Oeste, até então pouco habitada. A dificuldade do povoamento dessa região devia-se, em parte, pelas características geográficas de seu território. Por essas características, o processo de miscigenação que ocorreu no Centro-Oeste é relativamente diferente do que aconteceu nas outras regiões. Em suma, a região não conta apenas com a já referenciada relação entre as culturas indígena, negra e branca. Em virtude do grande fluxo migratório de trabalhadores, a miscigenação cultural nessa região teve também influência das particularidades regionais já estabelecidas historicamente em diferentes partes do Brasil, por constituírem-se em territórios com um processo de povoamento mais antigo. Também merece destaque a influência cultural recebida de Paraguai e Bolívia, países que fazem fronteira com a Região Centro-Oeste.

A música está presente no folclore da região por meio de suas principais danças, entre elas:

- **Siriri**: tem origem nos antigos divertimentos dos indígenas que habitavam a região, com miscigenações portuguesas, espanholas e africanas. A dança é acompanhada por instrumentos de percussão e um canto que pode possuir uma melodia melancólica ou alegre e vivaz. Suas letras versam sobre a vida cotidiana e sua prática está presente em festas, casamentos e comemorações religiosas. A dança pode ser praticada por ambos os sexos. No caso das mulheres, os longos vestidos coloridos confeccionados com tecido leve servem como elementos coreográficos, acompanhado os movimentos corporais.

- **Cururu**: sua origem ainda é muito debatida, mas uma das hipóteses para seu surgimento está na mistura de danças indígenas com elementos musicais jesuíticos. Nos ritos religiosos, a dança é praticada apenas por homens que tocam viola e cantam passagens bíblicas homenageando as santidades. Em sua abordagem profana, o cururu apresenta-se como um desafio de cantadores que entoam frases sobre diferentes temas do cotidiano. O cururu pode ser praticado em forma de música, dança, ou apenas por meio dos cantos e do som dos violeiros.

- **Rasqueado** (Partitura 5.10): a origem do rasqueado remete ao final da Guerra do Paraguai (1864-1870), através da mistura entre as culturas dos sobreviventes do conflito na fronteira entre o Brasil e o Paraguai. Com o passar do tempo, as danças típicas dessas localidades se miscigenaram, principalmente o siriri com a polca paraguaia, da qual se adotou a forma de andamento baseado em compassos ternários. Após a Proclamação da República, o rasqueado passou a ser disseminado nas localidades urbanas da Região Centro-Oeste como forma de integrar a população ribeirinha.

Partitura 5.10 – Rasqueado

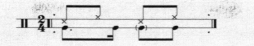

5.4 O folclore na Região Sudeste

A Região Sudeste é formada pelos estados de São Paulo, Rio de Janeiro, Minas Gerais e Espírito Santo. Trata-se da região com os mais altos índices econômicos, com o segundo menor território em extensão (924.511 km^2) e com aproximadamente 85 milhões de habitantes, sendo, assim, a região mais povoada do Brasil.

Sua colonização teve início em 1532, em São Paulo, com a chegada dos missionários jesuítas portugueses e a fundação da Vila de São Vicente. Já a partir do século XVII, os bandeirantes partiram em direção ao interior do Brasil, a fim de buscar recursos naturais e populações indígenas para o trabalho escravo nos campos de cana-de-açúcar.

Com a descoberta de ouro na região de Minas Gerais, no século XVII, e a decadência do comércio da cana-de-açúcar no Nordeste, a Região Sudeste ganhou lugar de destaque no cenário nacional. Em 1763, a capital do Brasil foi transferida de Salvador para a cidade do Rio de Janeiro. Foi durante esse período de grande atividade mineradora que aproximadamente um milhão de negros foram contrabandeados da África para o trabalho escravo nas minas, cuja extração de ouro perdurou até aproximadamente

1785, quando findou devido ao esgotamento dos recursos naturais.

As manifestações folclóricas da Região Sudeste, além das raízes indígenas, negras e brancas, sofreram influência de uma variada quantidade de localidades distintas, por conta dos inúmeros ciclos migratórios ocorridos ao longo de sua história.
Em 1808, houve a chegada da Família Real, fugida dos conflitos no continente europeu causado pelo avanço das tropas francesas sob o comando de Napoleão Bonaparte (1769-1821). A partir de 1819, a região registrou a chegada de famílias suíças, que posteriormente fundariam a cidade de Nova Friburgo. Em 1824, nessa mesma região, chegaram imigrantes oriundos da Alemanha. Uma nova leva de imigrantes vindos também desse país aportou novamente, a partir de 1848, ocupando outras áreas da região serrana do estado do Rio de Janeiro.

Após 1888, com o fim do período escravagista, em decorrência da promulgação da Lei Áurea, houve a demanda de alternativas para sanar a necessidade de mão de obra para o trabalho no campo, principalmente nos cafezais. Assim, iniciou-se um grande movimento imigratório de europeus, especialmente italianos, para as regiões de cultivo do café.

Já no século XX, a continuidade do fluxo de imigrantes italianos somava-se à chegada de japoneses, libaneses e sírios, coincidindo com o pungente processo de industrialização da Região Sudeste, principalmente no Estado de São Paulo. O desenvolvimento industrial continuaria com grande força durante a segunda metade do século XX até a atualidade, destacando a economia dessa região em todos os setores. Um dado que exemplifica a grande força de sua economia está nos resultados do seu

Produto Interno Bruto (PIB), que corresponde a 55% de tudo o que é produzido no país.

Esse quadro econômico acabou estimulando a migração de populações oriundas de todas as regiões brasileiras. Se, por um lado, como consequência, o crescimento desordenado trouxe problemas sociais, por outro, acarretou também grande diversidade cultural, que se materializou nas manifestações folclóricas. Entre as mais tradicionais, estão:

- **Catira ou cateretê** (Partitura 5.11): dança típica que remete ao período colonial e, posteriormente, à disseminação de sua prática pelos tropeiros. Sua música é elaborada por violas típicas, acompanhadas pelos ritmos das palmas das mãos e das batidas dos pés no chão. Os violeiros também entoam cantos durante as danças, enquanto os dançarinos, perfilados em duas filas, fazem passos e movimentos sincronizados. Em relação à dança, tradicionalmente ela era praticada apenas por homens em festividades religiosas em homenagem a São Gonçalo, São João e Nossa Senhora da Conceição.

Partitura 5.11 – Catira

- **Congada**: manifestação cultural presente em todo o território nacional, com grande disseminação no interior dos estados de São Paulo, Minas Gerais e Espírito Santo. A congada tem origens africanas, sendo inspirada no cortejo dos reis congos. Posteriormente, sofreu influências da cultura portuguesa. Sua dança encena a coroação do Rei Congo, com o acompanhamento do cortejo ou terno. Em localidades nas quais existem mais de um grupo de congada, os ternos ficam conhecidos pelas cores de suas roupas. Toda a manifestação é seguida de outros momentos, como o levantamento dos mastros e as cavalgadas. Uma das variações de sua temática trata da vida de São Benedito. Devido à origem moura desse santo, uma das temáticas que acabou sendo representada pelos grupos de congada foi a luta travada por Carlos Magno contra as invasões das populações mouras, durante a Idade Média, no continente europeu. Tradicionalmente, a prática musical na congada possui grande variedade de instrumentos, entre os quais podemos citar o violão, a viola, a caixa, os pandeiros, os bumbos, os tamborins, a sanfona, além das espadas, que também ditam os ritmos quando são batidas umas nas outras durante as coreografias. Os temas dos cânticos entoados são os sofrimentos da vida cotidiana, a esperança de dias melhores e homenageiam santos católicos.

- **Jongo** (Partitura 5.12): dança de origem africana, apresenta uma grande gama de variedades. Disseminou-se a partir das regiões produtoras de café, nos estados de São Paulo, Rio de Janeiro e Minas Gerais. O jongo, ou caxambu, caracteriza-se por sua natureza profana, embora apresente elementos religiosos nas letras das melodias entoadas, conhecidas como pontos. No jongo, os participantes formam um círculo e o casal mais idoso começa a dança no centro da roda. Outra característica é o movimento de umbigada, no qual o casal que está dentro da roda se aproxima e se afasta de forma repetida enquanto dança os movimentos do jongo. Os participantes que estão no círculo acompanham com palmas, além de instrumentos percussivos, como o caxambu, o tambu e o candongueiro.

Partitura 5.12 – Jongo

- **Folia de reis (Reisados)** (Partitura 5.13): manifestação em forma de cortejo. Seus participantes desfilam pelas ruas lembrando a visita dos três reis magos ao menino Jesus, entre o Natal e o Dia de Reis (6 de janeiro). Presente em várias regiões brasileiras, a folia de reis é muito tradicional em cidades de Minas Gerais e São Paulo. O cortejo é composto por reis magos, mestre, contramestre, palhaços e foliões. O ritmo é marcado por instrumentos de percussão, como bumbos, pandeiros e caixas, além de violas, violões e cânticos religiosos.

Partitura 5.13 – Folia de reis

5.5 O folclore na Região Sul

A Região Sul é composta pelos estados do Paraná, Santa Catarina e Rio Grande do Sul. É a menor região em dimensão territorial, com 576.774 km², e conta com uma população de mais de 27 milhões de habitantes. Os três estados têm litoral e a região ainda se caracteriza por ser a única de clima subtropical no Brasil.

O processo de povoamento da Região Sul teve início com a chegada dos jesuítas espanhóis, durante o século XVI, com o objetivo de catequizar os indígenas nativos que habitavam a região. Os padres jesuítas, ao chegarem aos territórios em que atualmente se localizam as cidades de São Miguel das Missões e Palmeira das Missões, constituíram as primeiras missões, pelas quais catequizavam os indígenas, além de trabalharem com atividades de agricultura e pecuária.

A partir de 1633, os bandeirantes liderados por Antônio Raposo Tavares (1598-1658) iniciaram a invasão do território que atualmente constitui o Estado do Rio Grande do Sul. Entre suas ações, estiveram a captura dos indígenas para o trabalho escravo e o povoamento de diversas cidades das costas litorâneas paranaense e catarinense. Posteriormente, houve o início das atividades tropeiras, que consistiam em levar o gado do Rio Grande do Sul para ser comercializado em cidades como Sorocaba, em São Paulo. Essa atividade econômica estimulou a fundação de diversas cidades no trajeto feito pelos tropeiros, contribuindo para o desbravamento dos territórios no interior do país.

Uma particularidade da Região Sul foi a constante imigração europeia ao longo de sua história. Como exemplo, podemos apontar os registros, em 1617, dos primeiros imigrantes vindos da região do Açores, em Portugal. O fluxo de chegada de açorianos aumentou a partir de 1677, principalmente na região do atual estado de Santa Catarina.

A presença jesuítica terminou no ano de 1759, com a expulsão da Companhia de Jesus de todos os territórios portugueses. Já o fluxo imigratório europeu ganhou ainda mais força durante o século XIX, com a vinda de um grande número de italianos e alemães. Imigrantes de outros países europeus também tiveram presença marcante no processo de crescimento da Região Sul. Entre as principais comunidades de imigrantes, estão os poloneses e os ucranianos. Uma das razões para a forte presença de imigrantes vindos da Europa nesses territórios decorreu das condições climáticas mais favoráveis à sua permanência e do potencial agropecuário da região, já que grande parte desses imigrantes tinha como objetivo o trabalho no campo.

Atualmente, a economia da Região Sul destaca-se pelas produções agropecuária e industrial, que representam aproximadamente 18,6% do PIB nacional. A forte produção agropecuária e o grande volume de exportações fazem dessa região uma das mais ricas do país. Também é importante destacar o desenvolvimento tecnológico presente tanto no contexto rural como nos parques industriais das suas principais cidades.

Todo esse quadro social e econômico possibilitou que a região contasse com a presença de culturas não só de diferentes partes do Brasil, mas de todo o mundo, o que faz com que seu território tenha grande variedade de manifestações folclóricas. Tais manifestações se perpetuam pelo forte sentimento de preservação dos primeiros imigrantes que se estabeleceram no Sul do Brasil, ainda muito presente em seus descendentes. As manifestações folclóricas presentes nessa região também podem se referir a processos de miscigenação envolvendo as culturas de diferentes povos das áreas de fronteira com outros países, como Uruguai e Argentina, e nativos proeminentes dessa região. Entre as mais características, estão as seguintes:

- **Boi de mamão**: tradicional dos estados de Santa Catarina e Paraná, essa manifestação mistura música, dança e encenações, sendo uma variação do boi-bumbá. Essa versão do enredo conta a história de um boi que, ao tomar cachaça, fica louco e ataca seu próprio dono, caindo morto em seguida. Na sequência da encenação, o dono do boi culpa uma bruxa pelo ocorrido. Por fim, o animal recupera-se, voltando à vida. A origem do nome *boi de mamão* vem do fato de que em uma de suas confecções o boi que seria utilizado para a prática do bumba meu boi teve a cabeça improvisada com um mamão verde. Atualmente, muitas apresentações contam com inúmeros bois confeccionados com diversos tipos de cabeça. É curioso lembrar que apesar da grande variedade de cabeças de diferentes tipos, não existe nenhuma que apresente um boi com cabeça de mamão. A parte musical é composta de cânticos simples que contam a história do boi, acompanhados de um variado número de instrumentos, como pandeiro, sanfona, violão e bumbo.

- **Vaneirão** (Partitura 5.14): com forte presença no estado do Rio Grande do Sul, disseminou-se também em outros estados, como Santa Catarina e Paraná. Recebeu diferentes influências em sua origem, como características valsa europeia e até mesmo elementos de música cubana. De acordo com o ritmo, pode receber outros nomes, sendo conhecido também como vanerão, vaneira ou vaneirinha. As músicas são executadas em ritmos binários e são dançadas por casais vestidos com trajes tradicionais. A parte musical é acompanhada por instrumentos como bateria, violão e sanfona – que nessa região do Brasil ganha o nome de *gaita*.

Partitura 5.14 – Vaneirão

- **Chula** (Partitura 5.15): tem origem nas práticas tropeiras das regiões interioranas. Por essa razão, caracteriza-se por representar um desafio, praticado exclusivamente por homens. Sua prática consiste em sapateados feitos por uma sequência de dançarinos que tentam executar movimentos cada vez mais difíceis. No chão, é colocada uma vara deitada, que serve como um delimitador, sendo que os dançarinos não podem tocá-la durante a execução de seus passos. A parte musical é acompanhada principalmente pela gaita, com os ritmos marcados pelos próprios sapateados dos dançarinos. Os sapateados intercalam momentos em que acompanham a música e outros em que performam solos, nos quais o único som é o do ritmo das botas no chão.

Partitura 5.15 – Chula

- **Fandango paranaense**: manifestação que mescla influências culturais da Península Ibérica com características regionais. Surgiu no litoral paranaense com a chegada dos primeiros colonos açorianos. Sua música é composta do canto – que pode ser a duas vozes – e de uma roda de dançarinos. Os homens marcam os ritmos com os pés e com as mãos junto com os instrumentos musicais. Já as mulheres executam passos simples, mas sincronizados, enquanto a roda de dançarinos faz movimentos circulares. O grupo de instrumentos musicais pode conter bumbos e pandeiros, mas nele destaca-se a utilização de instrumentos de cordas, a exemplo da viola de cinco pares de corda acrescentada mais meia corda e da rabeca, um tipo de violino arcaico constituído de três ou quatro cordas.

- **Festa do Divino Espírito Santo**: tradição religiosa encontrada em diferentes localidades do Brasil, apresenta características diversificadas. Está presente com grande força em cidades como Florianópolis e em sua região metropolitana, destacando-se a cidade de Santo Amaro da Imperatriz. Os participantes desfilam com roupas confeccionadas que representam uma corte. Após a chegada do cortejo à igreja para a cerimônia religiosa, há o coroamento do imperador, que posteriormente devolve a coroa para a igreja. A parte musical é executada por uma banda de música formada por instrumentos de sopro, como clarinetes, trompetes, trombones e tubas, além de instrumentos de percussão, como caixas, pratos e bumbos. A banda executa marchas tradicionais que cadenciam o desfile e oferecem um tom solene ao cortejo. Esse é um exemplo da participação de bandas de instrumentos de sopro em procissões de celebrações religiosas católicas – atividade tradicional na cultura brasileira.

Resumo da ópera

Neste capítulo, abordamos as questões contemporâneas em relação ao folclore musical. Para isso, organizamos uma pequena apresentação dos aspectos ligados à história, à formação populacional, à demografia e à economia das regiões, para, enfim, listarmos as principais manifestações folclóricas musicais presentes em cada uma delas.

Só as melhores

Para proporcionar um maior contato com as diferentes manifestações musicais citadas, sugerimos os seguintes conteúdos:

ABSOLUTA CINE. **O Reisado – Documentário**. 15 jun. 2014. Disponível em: <https://www.youtube.com/watch?v=fVcQJ0yZvuY>. Acesso em: 2 jun. 2020.

ALMEIDA, A. **Catiara – As tradições do caipira na modernidade [Documentário]**. 27 jan. 2016. Disponível em: <https://www.youtube.com/watch?v=n3zoSlixMpc>. Acesso em: 2 jun. 2020.

ALMEIDA, P. **Boi Garantido – Boi-bumbá evolução**. 12 out. 2017. Disponível em: <https://www.youtube.com/watch?v=8W_XkSkLnXw>. Acesso em: 2 jun. 2020.

BESCHE, W. **Maracatu rural enche de cores Nazaré da Mata**. 19 fev. 2013. Disponível em: <https://www.youtube.com/watch?v=7jwERsj2s9g>. Acesso em: 2 jun. 2020.

BOSSLE, M. **Festa Divino em Santo Amaro da Imperatriz**. 4 jun. 2017. Disponível em: <https://www.youtube.com/watch?v=FT5YxTPY2Is>. Acesso em: 2 jun. 2020.

BRITTO, R. **Documentário – Coco de roda Novo Quilombo**. 11 out. 2018. Disponível em: <https://www.youtube.com/watch?v=wBMEaLpBahU>. Acesso em: 2 jun. 2020.

CABRAL, R. **Documentário histórico congados de Monte Alegre de Minas**. Disponível em: <https://www.youtube.com/watch?v=R-PPCnUX82U>. Acesso em: 2 jun. 2020.

CARAMELO. **Frevo – Patrimônio imaterial da humanidade**. 21 set. 2013. Disponível em: <https://www.youtube.com/watch?v=0YoeHJ805iU>. Acesso em: 2 jun. 2020.

CARLINI, A. **Caju e Castanha (Recife PE) – Série Músicos de Rua (TV Zero – Som da rua, 1997)**. 12 mar. 2012. Disponível em: <https://www.youtube.com/watch?v=6-7B8COl_S0>. Acesso em: 2 jun. 2020.

COMUNICARTE – FCA – UFMT. **Flor ribeirinha – Siriri – Teatro UFMT**. 28 ago. 2017. Disponível em: <https://www.youtube.com/watch?v=z_M2lkqr-G8>. Acesso em: 2 jun. 2020.

CULTURA PAI D'ÉGUA. **Lundu Marajoara – Grupo Frutos do Pará**. 3 abr. 2017. Disponível em: <https://www.youtube.com/watch?v=16KKltpujGs>. Acesso em: 2 jun. 2020.

ENTRE COLETIVO. **Maracatu Nação Encanto da Alegria – Desfile oficial 2019**. 5 mar. 2019. Disponível em: <https://www.youtube.com/watch?v=PzSEPlvPuuE>. Acesso em: 2 jun. 2020.

FRAGA, C. S. de. **Vanerão sapateado**. 18 abr. 2016. Disponível em: <https://www.youtube.com/watch?v=n5KPFfzRRvE>. Acesso em: 2 jun. 2020.

GONÇALVES, N. **Homenagem a Goiano (seleção de Cururu)**. 29 jun. 2015. Disponível em: <https://www.youtube.com/watch?v=McVwor0XgDM>. Acesso em: 2 jun. 2020.

INSTRUTORA LISSANDRA. **Coco de roda Sucena Maringá – Ritmos e manifestações afro-brasileiras**. 28 maio 2015. Disponível em: <https://www.youtube.com/watch?v=_u6nufWq1oM>. Acesso em: 2 jun. 2020.

KUYA COMUNICAÇÃO. **Trailer documentário "Tauá – Um rasqueado lá daquela gente boa"**. 11 set. 2015. Disponível em: <https://www.youtube.com/watch?v=N9zj6hr7tAo>. Acesso em: 2 jun. 2020.

LABMÍDIA. **Vídeo documentário – Boi de Mamão digital – Morro dos Conventos – SC**. 18 out. 2013. Disponível em: <https://www.youtube.com/watch?v=UaU84yh_3HA>. Acesso em: 2 jun. 2020.

LIDE UFF. **Dança ‹Pontão de Cultura do Jongo›**. 3 abr. 2014. Disponível em: <https://www.youtube.com/watch?v=BSmWU7bmU-c>. Acesso em: 2 jun. 2020.

MACHADO, C. do C. **Boi de Mamão do Sambaqui – 2019**. 25 ago. 2019. Disponível em: <https://www.youtube.com/watch?v=J-kXjkyjxjg>. Acesso em: 2 jun. 2020.

MAE – UFPR. **Documentário – no ritmo do fandango**. S. d. Disponível em: <https://www.youtube.com/watch?v=_CZJrHSgoDM>. Acesso em: 2 jun. 2020.

MARCHI, L. **Extras documentário Fandango – dança tradicional do Paraná ‹Chico com Grupo Mestre Brasílio›**. 19 set. 2014. Disponível em: <https://www.youtube.com/watch?v=3eg-vDlkxXc>. Acesso em: 2 jun. 2020.

MIRANDA, J. **Rasqueado cuiabano**. 13 ago. 2013. Disponível em: <https://www.youtube.com/watch?v=tqu1cqTIZzk>. Acesso em: 2 jun. 2020.

ONETE, D. **Dona Onete – No meio do pitiú**. 11 jul. 2016. Disponível em: <https://www.youtube.com/watch?v=CkFpmCP-R04>. Acesso em: 2 jun. 2020.

PACOA, J. **Samba de roda**. 21 jan. 2013. Disponível em: <https://www.youtube.com/watch?v=p9h2rydFT_0>. Acesso em: 2 jun. 2020.

PERNAMBUCO VOCÊ É MEU. **Clube das Pás Douradas no Recife antigo desfile do paço do frevo com a Orquestra das Pás**. 19 abr. 2018. Disponível em: <https://www.youtube.com/watch?v=W4DHsnNh1Xw>. Acesso em: 2 jun. 2020.

PHOTO AGÊNCIA. **Filhos da Terra – Maracatu rural – Nazaré da Mata/PE**. 17 maio 2018. Disponível em: <https://www.youtube.com/watch?v=mdoMOrdQHXk>. Acesso em: 2 jun. 2020.

PHOTO AGÊNCIA. **Filhos da Terra – Marujada – Bragança/PA**. 21 maio 2018. Disponível em: <https://www.youtube.com/watch?v=Ph0nXUBzFBo>. Acesso em: 2 jun. 2020.

RIBEIRO, P. V. **Brincantes de Marabaixo do Amapá – Rosa branca açucena**. 10 jun. 2016. Disponível em: <https://www.youtube.com/watch?v=HJDmOVNWYRU>. Acesso em: 2 jun. 2020.

SCAPINO, F. **Jongo – Levanta Povo**. 27 maio 2015. Disponível em: <https://www.youtube.com/watch?v=wvEjw1vvn68>. Acesso em: 2 jun. 2020.

SINDIRECEITA. **Brincar de boi – O centenário dos bois-bumbá de Parintins/AM**. 6 set. 2013. Disponível em: <https://www.youtube.com/watch?v=nd17N_VD7L8>. Acesso em: 2 jun. 2020.

TOCANDO IDEIAS. **Documentário "Maracatu Nação"**. 25 maio 2016. Disponível em: <https://www.youtube.com/watch?v=FDmbt6SCTvM>. Acesso em: 2 jun. 2020.

UFMT CIÊNCIA. **It Ciência: Carnaval de raiz (Documentário)**. 24 mar. 2015. Disponível em: <https://www.youtube.com/watch?v=_9fBvvhfv_g>. Acesso em: 2 jun. 2020.

VIOLA, MINHA VIOLA. **Dança da Chula, por CTG União e Tradição**. 2 jul. 2013. Disponível em: <https://www.youtube.com/watch?v=NaPelAEBCpw>. Acesso em: 2 jun. 2020.

VOAVIOLA. **Araguaia presente de Deus – Catireiros do Araguaia**. 14 dez. 2010. Disponível em: <https://www.youtube.com/watch?v=S09RejvYeUQ>. Acesso em: 2 jun. 2020.

 Teste de som

1. Indique a alternativa que apresenta apenas manifestações folclóricas da Região Norte:
   a) Carimbó, marujada, lundu, maracatu, boi-bumbá.
   b) Carimbó, marujada, embolada, lundu, marabaixo.
   c) Carimbó, marujada, lundu, boi-bumbá, marabaixo.
   d) Carimbó, marujada, lundu, marabaixo, boi de mamão.
   e) Carimbó, marujada, lundu, boi-bumbá, fandango.

2. Indique a alternativa que apresenta apenas manifestações folclóricas da Região Nordeste:
   a) Coco de roda, frevo, samba de roda, maracatu, embolada.
   b) Coco de roda, frevo, siriri, maracatu, embolada.
   c) Coco de roda, frevo, samba de roda, marujada, embolada.
   d) Coco de roda, frevo, samba de roda, cururu, embolada.
   e) Coco de roda, frevo, rasqueado, maracatu, embolada.

3. Indique a alternativa que apresenta apenas manifestações folclóricas da Região Centro-Oeste:
   a) Siriri, cururu, rasqueado.
   b) Siriri, lundu, rasqueado.
   c) Siriri, maracatu, lundu.
   d) Siriri, cururu, lundu.
   e) Siriri, cururu, embolada.

4. Indique a alternativa que apresenta apenas manifestações folclóricas da Região Sudeste:
   a) Catira ou cateretê, congada, marujada, folia de reis (reisado).
   b) Catira ou cateretê, congada, cururu, folia de reis (reisado).
   c) Catira ou cateretê, congada, jongo, rasqueado.
   d) Catira ou cateretê, congada, lundu, folia de reis (reisado).
   e) Catira ou cateretê, congada, jongo, folia de reis (reisado).

5. Indique a alternativa que apresenta apenas manifestações folclóricas da Região Sul:
   a) Boi-bumbá, vaneirão, chula, fandango paranaense, festa do Divino Espírito Santo.
   b) Boi-bumbá, vaneirão, chula, marujada, festa do Divino Espírito Santo.
   c) Boi de mamão, vaneirão, embolada, festa do Divino Espírito Santo.
   d) Boi de mamão, vaneirão, jongo, fandango paranaense, festa do Divino Espírito Santo.
   e) Boi de mamão, vaneirão, chula, fandango paranaense, festa do Divino Espírito Santo.

Treinando o repertório

Pensando na letra

1. Na região em que você vive, alguma manifestação folclórica já se transformou em um gênero musical ou evento comercial? Caso a resposta seja afirmativa, discorra sobre os desdobramentos desse processo na cultura da sua região.

2. Ainda considerando a região em que você vive, as manifestações folclóricas são as mesmas citadas durante este capítulo ou existem variações na forma de sua prática? Descreva as origens dessas adaptações ou transformações.

Som na caixa

1. Escolha algumas manifestações folclóricas de sua região e elabore algumas seções de apreciação musical. Depois, organize adaptações de músicas diversas a um estilo folclórico musical mais próximo de sua realidade. As músicas podem ser acompanhadas por ritmos corporais, bem como por instrumentos musicais originais, adaptados ou improvisados.

Capítulo 6
FOLCLORE E O SÉCULO XXI

Depois de apresentarmos um panorama em relação ao Brasil e às suas regiões, iniciaremos este capítulo retomando o debate sobre as relações entre cultura, tradição e folclore, apontando suas características contemporâneas. Em seguida, demonstraremos como esses conceitos têm papéis e significados diferentes em determinados períodos históricos e contextos. Na sequência, abordaremos as manifestações folclóricas como uma forma de resistência cultural, para, em seguida, adentrarmos especificamente as possibilidades de abordagem do folclore no contexto educacional. Por fim, apresentaremos as legislações oficiais sobre o espaço do folclore nas políticas educacionais e culturais.

6.1 Folclore e tradição hoje

A existência de manifestações folclóricas pode ser considerada, em parte, como algo que não está ligado apenas a uma tradição de um grupo específico, mas às condições gerais da sua localização social. Entender o contexto social de uma manifestação folclórica permite compreender também a intensidade que ela exerce nesse ambiente. Por isso, o conceito "popular" pode não abarcar as distinções dentro de uma estrutura social de classes, pois a manifestação folclórica pode estar restrita a um contexto que não é popular – definido como aquele que tem grande disseminação nas camadas mais desprivilegiadas –, mas que tem grande impacto em um nicho pertencente a uma classe subalterna. Outras vezes, os mesmos elementos folclóricos estão disseminados em todas as camadas de uma sociedade, porém, sua presença é maior em uma determinada camada do que nas outras.

Isso torna o problema da presença do folclore uma questão de "grau", ou seja, o grau de utilização de determinadas manifestações folclóricas em certas camadas sociais. Crendices ou superstições podem exercer influência maior em algumas camadas sociais do que em outras, sem, contudo, deixar de ser compartilhadas ou, pelo menos, conhecidas por quase todo o conjunto social. Isso mostra que em uma manifestação folclórica podem estar presentes tanto elementos generalizadores quanto de diferentes graus de disseminação em uma sociedade. Como resultado, algumas manifestações estão presentes em diversas camadas sociais, mas o impacto que proporcionam no seu interior pode variar – pois pode ser de maior ou menor grau. Por isso, é importante observar as transformações sociais em um aspecto mais amplo e, ao mesmo tempo, as transformações dos grupos de indivíduos que constituem a sociedade, para compreender o peso que determinada manifestação folclórica pode ter em cada contexto (Fernandes, 1978).

Como explica Frade (1991, p. 17), "é corrente entre os folcloristas brasileiros uma frase de sucesso: 'Tudo que é Folclore é popular; porém, nem tudo que é popular é folclore'". Complementando, Frade diz que "este refrão remete imediatamente a dois pontos básicos: o entendimento do termo popular e o reconhecimento da existência de níveis distintos no interior da mesma cultura" (Frade, 1991, p. 17). Esses níveis sugerem que uma manifestação pode ter maior ou menor força dentro de determinado contexto, podendo ter presença marcante ou, quando não perpetuada, enfraquecer, até o seu desaparecimento.

Xidieh (1967) propõe uma importante discussão sobre o folclore dentro de um quadro de desaparecimento das práticas culturais, fundamentada na relação dialética entre "sociedade rústica" e "sociedade urbana". Para Xidieh (1967), diante das mudanças provocadas pelo contexto socioeconômico, as manifestações populares são inevitáveis e, por isso, tornam-se infrutíferas as ações de manutenção das tradições populares do passado. Nesse processo, aspectos da cultura popular acabam desaparecendo e outros são reformulados para os novos contextos, por meio de adaptações ou pela submissão ao quadro imposto para sua perpetuação. Isso faz com que determinadas manifestações ganhem um caráter de resistência cultural, para a manutenção de sua identidade. Esse quadro é característico no folclore brasileiro, ainda mais levando-se em conta o caminho percorrido pela música e o seu papel desde a chegada dos portugueses. Sobre a música na história do Brasil e seus diferentes papéis, Andrade (1941, p. 15) explica:

> Em seu desenvolvimento geral a música brasileira segue, pois, obedientemente a evolução musical de qualquer outra civilização: primeiro Deus, depois o amor, depois a nacionalidade. A Colônia realmente não conseguiu nunca se libertar de sua religiosidade musical. Duas espécies de escravos Portugal tinha que consolidar aqui: o negro e o colono brasileiro. O incenso e o batuque místico imperavam com violência; e os próprios Jesuítas, por certo mais libertários e propulsores máximos aqui da religião verdadeira, serviram menos ao Catolicismo que à colonização, com seus processos de catequese, suas procissões, semanas-santas, igrejas e musicaria. Teatro próprio de escravo. Ao passo que o teatro profano, que é a arte mais coletivista depois da música, e ainda mais capaz que esta de fornecer qualquer espécie de consciência social de uma coletividade, não

pôde viver aqui senão esporádico, e muitas vezes em manifestações insultantemente aristocratizadoras.

No quadro contemporâneo, tem-se também a cultura de massa, que se impõe pela força econômica dos meios de divulgação, tornando-se, assim, "popular". Isso faz com que os interesses econômicos se sobreponham à manutenção de uma cultura genuinamente popular, fundamentada em características e em valores próprios. Em seu lugar, oferece-se a substituição desses elementos por outros de interesse político, ideológico ou financeiro.

Em países mais jovens, esse processo não é difícil de exemplificar, como ocorreu com a cultura indígena no período de colonização. Tomando o plano contemporâneo, uma das questões mais sensíveis no que concerne a uma cultura brasileira está na tensão entre os contextos rural e urbano. Xidieh (1967) propôs transcender a ideia de conflito entre a "cultura rural" e a "cultura urbana", levando em conta que ambas já se imiscuíam no seio da sociedade brasileira, o que fez com que seu conceito de cultura popular abrangesse não só o contexto rural, mas toda uma classe menos favorecida economicamente. De certa forma, essa questão permanece contemporânea, pois o quadro de acentuada desigualdade econômica e política entre as camadas sociais brasileiras é uma problemática perene em nossa história.

Baseada nas extensas discussões sobre essa problemática, Frade (1991) traz uma ideia de como considerar a configuração do quadro atual sobre as relações entre cultura, folclore e o que seria "popular". Os três conceitos aos quais Frade (1991) recorre são os de *cultura erudita, cultura de massa* e *cultura popular*. Como explica a autora, "a cultura erudita seria aquela oficial, transmitida por meio de sistemas específicos e especializados" (Frade, 1991, p. 19). Nesse caso, os conhecimentos que constituem esse tipo de cultura são dependentes de formas de registro, por exemplo, gráfico ou audiovisual.

A esse respeito, podemos adotar como exemplo a música erudita, na qual esse fenômeno pode ser observado de forma muito clara. Todas as grandes sinfonias têm diferentes edições gráficas de sua partitura, nas quais os responsáveis por sua publicação buscam as características mais originais da composição musical feita pelo compositor. Nesse caso, trata-se de um tipo de trabalho que tem como objetivo ser o mais criterioso possível em relação ao registro da composição musical. Outra forma de registro são as gravações feitas dessas sinfonias, primeiramente apenas em áudio e, posteriormente, também em vídeo. Tais gravações trazem diferentes interpretações e sonoridades de uma grande gama de peças orquestrais, todas compondo um registro das concepções musicais das orquestras sinfônicas e dos seus respectivos maestros, sem desconsiderar a essência ou as características originais do compositor e do seu contexto no período de composição. Essas características podem estar presentes em outras formas de conhecimento, mas têm em comum o fato de serem "compostas de acordo com os cânones vigentes nas academias, escolas, capelas, catedrais e salas de concerto, que as inspiraram e consagraram" (Frade, 1991, p. 19). A produção e a disseminação da cultura erudita, ou de uma "alta cultura", ocorrem principalmente nas universidades e nas instituições de pesquisa científica. Isso possibilita que as classes inferiores não compartilhem desses conhecimentos, por não terem acesso aos seus espaços de produção, debate e disseminação.

Em contraposição à cultura erudita, Frade (1991) recorre ao conceito de cultura de massa, resultante do processo de industrialização, que viabilizou aos meios de comunicação um amplo campo de expansão e influência sobre a população. Para Frade (1991, p. 20), "este acontecimento histórico impulsionou os meios de comunicação, que por sua vez vão trazer transformações profundas no estilo de vida das populações, sobretudo urbanas". Na atualidade, não podemos deixar de considerar que a influência da cultura de massa não está presente apenas nos meios urbanos, mas expande-se para outras áreas, pelo desenvolvimento dos meios tecnológicos de comunicação. Justamente por estar intrinsecamente ligado aos sistemas de comunicação de massa, esse tipo de cultura pode abranger os mais diferentes setores, como a música, a moda, o cinema, os esportes, a imprensa etc. Em razão desse fato, há um tipo de produção que busca abarcar especificamente esse espaço, visando lucrar com a massificação do seu produto e com a influência que pode exercer. Esta é feita a partir da disseminação de ideias e valores que atendem a interesses dos próprios produtores desse tipo de conteúdo, criando um círculo de produção e consumo que faz com que tal "cultura" continue se disseminando.

Por fim, Frade (1991) apresenta o conceito de cultura popular, cujas produções realizadas em seu seio revelam uma característica de "domínio público", o que significa que sua transmissão ocorre de forma empírica e fora de espaços formais de ensino. Exatamente por essas características,

> seu estabelecimento vai ser através das relações familiares, de vizinhança ou de compadrio, e a aprendizagem ocorre por meio de uma participação contínua, rotineira, absolutamente

interativa. Não há, consequentemente, delimitação de espaço para sua emergência: sucede do âmbito da casa e da rua, nos clubes e praças, na igreja e nos bares, nos escritórios e nos quartéis. É uma cultura que minimiza autorias porque é de domínio público e, pode-se dizer ainda que, ao contrário da cultura de massa, a cultura popular não apresenta características de domínio para além das fronteiras do grupo social que a coletiviza.
(Frade, 1991, p. 21)

É importante ressaltar que, muitas vezes, elementos das manifestações de um segmento cultural podem ser apropriados por outro. Podemos citar os casos em que uma manifestação folclórica se torna uma manifestação de massa, como a Festa do Boi, de Parintins. Além de ser uma manifestação cultural de grande proporção, também se transformou em um evento turístico e econômico de extrema importância para a região.

Em alto e bom som

Muitas vezes, são as manifestações folclóricas que absorvem características da cultura popular, como instrumentos, práticas, meios de divulgação, mídia e retorno econômico. Tais manifestações culturais podem não ser só espontâneas mas também patrocinadas por entidades públicas, privadas ou contar com a cobrança de entradas. Isso faz com que as manifestações dessa natureza já não tenham apenas um aspecto de preservação ou de transmissão de conhecimentos tradicionais, mas de valor artístico e econômico. Essas relações dependem dos quadros sociais e econômicos em que as manifestações folclóricas

> estão inseridas, os quais acabam transformando as relações
> entre manifestações populares e manifestações de massa.

6.2 Folclore e identidades contemporâneas

O estudo das relações entre a cultura popular e as manifestações folclóricas deve considerar também que, em cada período, os conceitos sobre suas problemáticas são influenciados por visões de mundo ou correntes de pensamento que também exercem influência sobre a forma como os estudiosos abordam e debatem suas questões. Sob essa ótica, Fernandes (1978) registra que o estudo do folclore chegou a transformar conceitos, como o de cultura, por exemplo. Se antes a cultura dizia respeito a uma forma erudita de conhecimento a ser transmitida, depois do estudo folclórico, passou a ser considerada também como um conjunto de saberes e técnicas próprias do "povo". Isso significa que o folclore seria um conhecimento próprio das classes mais baixas de uma sociedade e, nesse contexto, corresponderia a desdobramentos de processos históricos. Essa ideia traz implícita uma concepção de progresso histórico e propõe o estudo sobre manifestações de camadas que ainda não estão totalmente inseridas no processo de modernização contemporâneo. Isso fez com que as manifestações culturais fossem vistas como uma forma de patrimônio a ser preservado, o que influenciou o enfoque dado à disciplina (Fernandes, 1978).

Já Amaral (1948) considerou levar em conta dados concretos para o estudo das manifestações folclóricas. Segundo a leitura de Ayala e Ayala (2003), Amaral ressaltou

> a necessidade de que os registros de qualquer manifestação devam ser acompanhados de informações sobre o local de ocorrência, a situação de pesquisa, as pessoas envolvidas (sexo, idade, condição social), bem como sobre o que podemos chamar de contexto: no caso da poesia, as músicas e danças que complementam, as crenças, as práticas e os costumes que estejam ligados aos poemas coletados. (Ayala; Ayala, 2003, p. 22)

Essa concepção de pesquisa teve um papel importante no intuito de dar mais rigor científico aos estudos relacionados ao folclore e de oferecer uma dimensão de mensurabilidade às suas características.

Contudo, os conceitos abordados por Frade (1991) auxiliam a compreender que as manifestações folclóricas seguem um tipo de "ciclo natural", o qual faz parte da sua estrutura de existência e trata-se de uma característica marcante, considerando a forma como as manifestações folclóricas estão presentes em uma sociedade. Segundo Frade (1991, p. 29), as manifestações folclóricas "surgiram um dia, ao longo do tempo, como fator vivo, possuindo portanto uma trajetória que inclui nascimento, apogeu e fenecimento ou transformação".

Outros pesquisadores propõem diferentes conceitos sobre a presença das manifestações folclóricas no seio de uma sociedade. Entre eles, podemos citar Fernandes (1978), Bastide (1959) e Xidieh (1967). Cada um, ao seu próprio modo, deu ênfase a determinados aspectos das manifestações folclóricas e à sua dinâmica em relação à sociedade na qual estão presentes.

A respeito da estrutura dinâmica de uma manifestação folclórica, recorremos a Xidieh (1967), que utilizou o conceito de "cultura popular" em alguns momentos e "folclore" em outros, considerando ambos para um mesmo significado. Isso sustenta uma concepção alinhada às de Fernandes (1978) e de Bastide (1959) de que o estudo da cultura popular só é possível quando abarca também o contexto cultural e as relações com os contextos econômico e social. Contudo, Xidieh (1967) especifica ainda mais esses contextos ao dividi-los em: uma sociedade ligada ao homem do campo, ao seu trabalho e ao processo de migração; e uma sociedade ligada a um contexto mais geral, que inclui o crescimento das cidades e todas as tensões derivadas desse processo. Essa relação entre esses dois quadros permite observar toda uma cadeia de transformações das manifestações e de valores, relações humanas e normas sociais. De certa forma, permite também conhecer os processos de origem, apogeu e fenecimento ou transformação observados por Frade (1991).

Também nessa linha de abordagem sobre as questões de existência das manifestações folclóricas dentro de uma sociedade, Fernandes (1978) destaca suas funções sociais. O autor considera que não é só o contexto social que influencia as manifestações folclóricas, mas, sim, que estas também acabam influenciando as estruturas sociais, a organização dos diferentes grupos e o comportamento humano. Fernandes (1978) considerou que as manifestações culturais populares são variadas e podem ser expressas de forma material ou não. Assim, determinado tipo de artesanato, música ou literatura pode exigir técnicas específicas para sua elaboração, mas não é isso que define se uma manifestação é folclórica ou não. O "fato folclórico", ou seja, os elementos que constituem uma genuína manifestação folclórica estão presentes em toda uma série de símbolos, significados, conhecimentos e emoções que esse objeto artesanal, música ou literatura transmite.

Tal concepção trouxe uma dimensão humanística ao estudo do folclore, em que os elementos subjetivos de suas manifestações se tornam importantes para sua abordagem. Como resultado, Fernandes (1978) sugeriu que as análises folclóricas ficassem sob a responsabilidade da psicologia, da etnologia ou da sociologia, alegando a impossibilidade de unificar os diferentes elementos estudados por cada disciplina. Essa concepção gerou controvérsias, pois, para justificar essa ideia, Fernandes

> assume a posição, bastante discutível (especialmente quando avaliada nos dias de hoje), de separar o que chama "disciplinas humanísticas" – o folclore, a literatura, as artes e a filosofia – das "ciências sociais", considerando apenas as últimas como ciências e vinculando as primeiras à "erudição". (Ayala; Ayala, 2003, p. 37)

De qualquer forma, as ideias de Fernandes (1978) ofereceram maior profundidade sobre as análises e os conceitos que envolvem o estudo do folclore, principalmente pela importância dada ao considerar o contexto social e as subjetividades intrínsecas das manifestações folclóricas. É importante ressaltar que essa concepção se opõe à ideia inicial dos textos sobre o folclore no Brasil, os quais tinham como principal objetivo promover o registro das manifestações populares e apontar as características que remetem determinada manifestação à sua origem, conferindo-lhe um papel de "sobrevivente cultural" de um período histórico distante. Para Fernandes (1961), o folclore é dinâmico, sendo atualizado de acordo com as características sociais e econômicas contemporâneas de sua manifestação – em outras palavras, o folclore é atual.

O conceito do ciclo natural das manifestações folclóricas proposto por Frade (1991) mostra que o processo de arrefecimento ou transformação de uma manifestação leva a considerar a importância da manutenção e do registro de determinados elementos folclóricos para uma melhor compreensão de determinados períodos ou de características contemporâneas de nossa sociedade. Por isso, não é difícil chegar a questões como a necessidade de preservar determinadas manifestações e registros folclóricos. Porém, o conceito assumido aqui não será o de sobrevivência, mas, sim, de resistência das manifestações folclóricas.

6.3 Persistência das manifestações folclóricas

Para dar início à reflexão sobre como as manifestações folclóricas também são um elemento de resistência cultural, retomaremos o conceito de Bastide (1959) sobre a necessidade de analisar as manifestações culturais populares diretamente ligadas ao meio social de sua existência. Essa visão fortalece a ideia de que estas devem ser consideradas como atividades atuais e não apenas pelo enfoque de sua necessidade de sobrevivência. Segundo Bastide (1959), tais manifestações são estruturadas sobre uma base social e, por isso, acabam por refleti-la. Essa estrutura social é responsável tanto pela criação quanto pelas transformações das manifestações populares. Dessa condição emerge a concepção de Bastide (1959) de que o folclore não é uma atividade livre em si, mas um fenômeno intimamente ligado às estruturas sociais.

Em síntese, para Bastide (1959), só é possível assimilar as manifestações folclóricas quando se leva em conta seu papel nas dinâmicas de existência de determinada comunidade. Como explicam Ayala e Ayala (2003, p. 33):

> em Bastide, o contexto social e o espaço físico deixam de ser tratados como cenário das manifestações folclóricas e tornam-se componentes estruturais da análise. Do reconhecimento de que a cultura popular, como qualquer cultura, só existe enquanto é mantida por grupos sociais, chega-se à verificação da necessidade de estudar as organizações que dão suporte às manifestações culturais populares.

Como resultado dessa reflexão, Bastide (1959) considera que as manifestações populares são também uma produção, ou reprodução, social. O conceito de reprodução social abarca não só os reflexos dos contextos econômicos e sociais de uma população mas também os elementos que sustentam sua existência, suas transformações ou mesmo sua extinção.

É justamente na reflexão sobre o arrefecimento de uma manifestação artística que se encontra um dos aspectos mais relevantes sobre uma manifestação folclórica, a saber, seu poder de resistência. Este pode sintetizar um ato não só cultural, mas também social, político e econômico. Como explica Frade (1991, p. 22), "o povo pode encontrar nas expressões folclóricas uma forma de impor seu espaço político defronte depressões institucionais dominantes". Em alguns casos, a resistência cultural na qual as manifestações folclóricas se encontram é a única forma de promover um confronto, ainda que simbólico, contra um contexto opressor. Grande parte do processo de miscigenação artística brasileira é fruto desse quadro.

A miscigenação artística no Brasil é um fenômeno de grande disseminação. Entre os exemplos desse fato, podemos citar a forte presença do negro africano nas obras religiosas católicas durante o período colonial. Sua habilidade na escultura fez sua presença ser marcante nos trabalhos de talho encontrados nas igrejas barrocas brasileiras já a partir do século XVI. Essa presença está ricamente representada por temas e personagens, como anjos e madonas, com traços de fisionomia negra, ou mesmo por imagens de figuras negras colocadas de forma discreta e entremeadas a outras (Silva, 1997).

Retomando o processo de desenvolvimento da arte no Brasil a partir do período colonial, observamos que sua trajetória tomou duas direções. Uma delas foi a disseminação de um ideal estético hegemônico a partir da iconografia católica no início da colonização. Esse ideal estava ligado ao período pré-renascentista europeu, mas sofreu transformações no período seguinte. O barroco brasileiro apresentou mudanças em relação às características europeias, com produções originais de artistas oriundos das camadas subalternas (Silva, 1997). Como parte majoritária dessas camadas, podemos citar a presença marcante dos negros, que trouxeram e desenvolveram características culturais pujantes. Nas suas origens, ainda no continente africano, a arte dessas culturas negras teve categorias próprias, pois nas comunidades africanas o artista se situa no centro de tensões dinâmicas, sua produção permeia a ordem e a desordem devido à sua capacidade de manipular forças vitais geradoras de transformações, destruição e aniquilação. Ele consegue fazer com que uma coisa (*kintu*) se transforme (*kunho*) em beleza, em perfeição. (Silva, 1997, p. 47)

Nesse caso, a ideia de uma obra de arte expressar uma percepção subjetiva de uma consciência individual não tem espaço. A expressão artística está no centro das tensões sociais e é um meio de transformação nesse contexto. Por isso, a produção artística envolve toda a comunidade na qual ela está inserida. Para Silva (1997), essas marcas caracterizam a arte africana com três funções principais: diferenciar o mundo dos homens, guiado por uma cultura, do mundo dos animais, dominado pelos impulsos imediatos; oferecer à comunidade uma identidade diferente das outras; e registrar a tentativa humana de domínio da natureza, mas também mostrar sua própria capacidade de criação.

As manifestações folclóricas que nasceram, foram adotadas ou se adaptaram às origens africanas levam essas marcas, que mostram o poder de resistência da cultura negra. Em muitos casos, a manifestação cultural afro acabou miscigenando-se à de outras culturas, em grande parte por esse ser o único meio de continuar suas práticas. Isso é resultado dos quadros discriminatórios que tiveram início com o tráfego de africanos para o trabalho escravo no Brasil e que ainda apresentam reminiscências atualmente.

Utilizando a cultura negra como exemplo, podemos notar como as manifestações folclóricas – e culturais, em geral – podem ser uma forma de expressão não só de resistência cultural, mas também de persistência. Frade (1991) explica o conceito de persistência ligando-o aos elementos simbólicos que envolvem as manifestações folclóricas. Segundo a autora, a persistência

> costuma ser compreendida como "sobrevivência" (survivals) que por sua vez se confunde com "tradição". Os folcloristas rejeitam com impaciência esta confusão. "Sobrevivência" remete à ideia de um traço cultural defasado no tempo, na função, no sentido; uma prática descompassada e inútil. Entretanto, o termo persistência, conforme propõem alguns folcloristas, deve expressar um aspecto cultural com resíduo do passado, porém reinterpretado de modo a preencher nova função e possuir outro significado. (Frade, 1991, p. 23)

A persistência cultural guarda suas características originárias, mas, com o passar do tempo, absorve aspectos de sua existência contemporânea. Esse fenômeno pode ocorrer quando os símbolos originais de conhecimentos e crenças presentes na manifestação folclórica são transferidos para elementos da vida cotidiana, no contexto em que essa manifestação ocorre, e passam a ser representadas dentro dela.

Em síntese, consideramos que o poder simbólico é o principal ponto de relação entre uma manifestação folclórica e a arte. A relação entre símbolo e arte que adotamos aqui parte do conceito de Langer (1971), segundo o qual a arte é uma matriz de intelecções, representadas por meio de um símbolo. Tal símbolo pode ser um quadro, uma escultura e, claro, uma música. Levando em conta todas as reflexões expostas até este momento, podemos considerar que o fator simbólico também é parte constituinte das manifestações folclóricas que se expressam por formas artísticas. Isso significa que tais manifestações possuem relação direta não só com as artes mas também com o seu papel de transmissoras de conhecimentos e valores.

Quando conceituamos que as manifestações folclóricas podem ser um meio de transmissão de conhecimentos e valores, não podemos desconsiderar suas possibilidades educacionais. Por isso, a seguir, apresentaremos algumas considerações sobre o folclore, especialmente sobre a música folclórica, seu papel educacional e as suas possibilidades inseridas no ambiente escolar.

6.4 O papel da música folclórica na escola

Fernandes (1978) expõe a ideia de que o folclore é um elo entre o passado e o presente, com sua perpetuação implicando também um aspecto de disciplinamento das crianças, pois a passagem de manifestações folclóricas está eivada de símbolos morais de preservação. Além disso, o autor dá grande ênfase aos processos educacionais, critica as concepções educacionais que veem o estudante como apenas um receptor de conteúdos e o professor como um mero transmissor destes, assim como se contrapõe às atitudes discriminatórias em relação aos alunos no contexto escolar. Defendendo a ideia de que a escola deve ser um espaço transformador e que a educação deveria ser capaz de derrubar práticas opressoras que se perpetuam historicamente, Fernandes (1978) considera o folclore como um elemento fundamental no contexto escolar para o enriquecimento da experiência educacional. Isso se deve ao fato de que a utilização do folclore no espaço escolar tem como principal objetivo promover a socialização por meio de brincadeiras e jogos.

Sob essa ótica, Fernandes (1978) considera que as manifestações folclóricas não são utilizadas de forma a contribuir efetivamente no contexto escolar. Como um exemplo específico, podemos citar as músicas folclóricas e o fato de que, em relação a elas, não se trabalham as nuances, os sentidos e os significados. Dessa forma, perdem-se os conhecimentos que tais canções carregam em suas letras e melodias. Isso faz com que a utilização do folclore não se manifeste de forma plena em dois sentidos distintos, mas complementares. O primeiro corresponde à necessidade de a criança compreender e se organizar socialmente para a prática de determinada atividade folclórica, isto é, ela precisa se adequar às regras e às dinâmicas sociais para que todo o conjunto possa desfrutar da brincadeira ou do jogo. O segundo sentido trata da assimilação dos conjuntos de valores que essas atividades proporcionam, preparando as crianças para a vida adulta em uma sociedade na qual todos têm seu papel, possibilitando desde cedo o "agir social" do indivíduo em meio a uma comunidade.

Em alto e bom som

Nas manifestações folclóricas ligadas às atividades e às práticas para crianças, o papel educacional é ressaltado, sendo este a principal função sociológica de sua existência.

Garcia (2000) explica que o folclore serve como um meio para as relações sociais infantis, humanizando e oferecendo um senso de identidade às crianças. Contudo, a organização de uma manifestação folclórica deve ficar a cargo de adultos, o que acaba conferindo, por um lado, um aspecto de tradição, na perpetuação da manifestação, e, por outro, um aspecto educacional de transmissão dos sentidos e dos valores dessa manifestação. Garcia (2000) complementa apresentando uma relação entre as manifestações folclóricas próprias de adultos e as específicas de crianças. Segundo a autora, os mesmos padrões sociológicos podem ser encontrados tanto nas manifestações infantis quanto nas adultas, em que os valores e símbolos oferecem um senso de unidade social. Por conta disso, as práticas específicas infantis também são eficazes no processo de transmissão de conhecimentos que favorecem a socialização de seus participantes. Esse quadro de relações em uma manifestação folclórica infantil também é dinâmico, pois as próprias crianças podem reinventar as regras e os significados de acordo com seus interesses. Logo, mesmo fazendo parte de um universo cultural adulto, as manifestações folclóricas infantis podem ter certa autonomia em sua prática, constituindo-se em um espaço de transformações e inovações, além da simples perpetuação de uma tradição (Borba, 2005).

A presença do folclore dentro do ambiente escolar pode oferecer amplas possibilidades de utilização. Uma delas refere-se ao uso das canções folclóricas de roda e das parlendas para atividades físicas. Como explicam Maffioletti e Rodrigues (1992, p. 15):

> As cantigas de roda são canções utilizadas em brincadeiras de roda cantadas, realizadas como forma de recreação por adultos ou crianças. Sua formação clássica consiste em formar uma roda de mãos dadas, com o rosto voltado para o centro, movimentando-se para a direita ou para a esquerda, em andamento eleito pelo grupo.

As cantigas de roda têm presença marcante no contexto cultural brasileiro, estando presentes em todas as regiões do país. As letras, as melodias e os movimentos podem possuir características variadas. Contudo, trata-se de um tipo de manifestação amplamente disseminado e transmitido pela oralidade e pela prática.

Em relação às parlendas, estas podem trabalhar elementos musicais de formas diferentes. Por também serem constituídas de rimas e métrica, obedecendo a um ritmo, podem favorecer o trabalho com exercícios de pulsação musical, por meio de movimentos corporais. As parlendas podem ser caracterizadas como trava-línguas e oferecem uma variação ainda maior às possibilidades de criação para atividades. Dessa forma, é possível organizar e propor atividades que, ao mesmo tempo que trabalham as características musicais dessas canções, permitem o desenvolvimento psíquico e motor.

Variar a utilização das manifestações folclóricas dentro de espaços educacionais é um exemplo do caráter dinâmico do folclore, que pode ser adaptado às necessidades educacionais de diferentes contextos (Almeida, 1971; Cascudo, 1984; Garcia, 2000; Lima, 1985). Maffioletti e Rodrigues (1992) exemplificam as manifestações folclóricas que têm se transformado de cantigas de tradição oral em elementos decorrentes do processo de globalização. Tal transformação não se deve ao fato de as crianças não cantarem mais cantigas, mas decorre do fato de cantarem outros tipos de canções. Essa mudança de repertório está ligada aos meios de comunicação de massa aos quais essas crianças têm acesso. É interessante observar também que muitas canções folclóricas podem estar presentes em tais meios de comunicação, embora com novas formas de sonoridades, a exemplo de arranjos de músicas folclóricas com a presença de instrumentos eletrônicos. Isso não modifica o fato de haver um valor simbólico presente nessas canções, que permite às crianças se expressarem por meio do canto e dos movimentos (Maffioletti; Rodrigues, 1992).

Willems (1970) relaciona os elementos musicais diretamente à possibilidade de desenvolvimento da criança. Isso ocorre, segundo o autor, porque cada elemento musical pertence a uma característica humana. O ritmo, em contrapartida, por ligar-se também ao movimento, é fisiológico.

Podemos verificar essa afirmação recorrendo à própria natureza, percebendo a forma de voar dos pássaros ou, mesmo, a maneira como um coração funciona. A melodia caracteriza um elemento afetivo por meio da sucessão de intervalos que indicam a característica da peça musical. Nesse contexto, a harmonia refere-se ao conjunto de diferentes sons executados simultaneamente e que possibilitam uma síntese entre os elementos rítmicos e melódicos. Por ser a representação de uma síntese, a assimilação da harmonia é fruto de um exercício analítico, ou seja, de um exercício cognitivo (Willems, 1970).

Em alto e bom som

Entre as funções cognitivas com que a prática musical pode contribuir está a memorização, utilizada desde a Idade Média como um recurso educacional.

Bugnard (2013) explica como o canto gregoriano foi uma ferramenta educacional de primeira ordem durante a Idade Média, com o objetivo de possibilitar, por meio da música, a memorização e a transmissão de todo o ciclo religioso ao longo de um ano. Essa característica foi desenvolvida e aproveitada ao longo da história, até chegar às paródias de professores de cursinhos pré-vestibulares que, também com a utilização de músicas, tentam oferecer meios para a memorização de fórmulas e informações. Essas mesmas características também estão presentes no nosso folclore, como no conto "O cágado e a fruta" (Romero, 2018). Nesse conto, existe uma fruta que era objeto de desejo de todos, mas que só poderia ser comida por quem soubesse seu nome. A única pessoa que sabia o nome da fruta era uma velha senhora que morava no meio da mata. Os animais mais velozes procuravam a idosa para saber o nome da fruta e zombavam do cágado que, por ser mais lento, ficava para trás. A senhora contava o nome da fruta, mas também falava outros nomes, confundindo os animais. O único que conseguiu lembrar o nome da fruta foi o cágado, que visitou a senhora com uma violinha e foi cantando o nome até chegar à árvore. Cantá-lo foi a forma de não o esquecer, por mais devagar que o cágado andasse. Assim, nesse conto podemos perceber o papel da música como um instrumento de memorização.

A música pode ser também um potencializador de recursos expressivos, aumentando a capacidade de comunicação. Isso ocorre pelo seu inerente poder sintetizador pelo qual se faz um meio de comunicação intelectual e emocional. Disso emana sua capacidade de se referir a uma forma de comunicação que transcende povos, culturas e localidades. Dentro do nosso folclore, existe o conto chamado "O Boi Leição", que exemplifica a música como um meio de comunicação através do qual se torna possível aprofundar os sentimentos de um discurso. Segundo o conto, um vaqueiro mata o boi de seu patrão para satisfazer às vontades de uma bela jovem por quem está apaixonado. Por ser um fiel vaqueiro, ele confessa para o fazendeiro que matou o boi, mas escolhe a música como forma de se expressar para o patrão. Isso faz com que, ao mesmo tempo, o fluxo das rimas e da canção possibilite ao vaqueiro externar o que quer contar e que a música em si possa sensibilizar o fazendeiro. Ou seja, a música serviria como um apoio expressivo e emocional nesse momento triste do conto.

Esses são alguns exemplos de como os contos e as canções folclóricas podem ser utilizados no contexto escolar, a fim de permitir aprofundar ainda mais a experiência cultural oferecida pela prática musical. Como explica Ayoub (2001), o desenvolvimento cultural de uma sociedade é vinculado diretamente às formas de expressão popular. Nessa perspectiva, os elementos de expressão popular, como as formas de linguagem e as canções, oferecem mais possibilidades de transmissão cultural, tornando as atividades ainda mais propícias para um desenvolvimento integral dos estudantes. Os ritmos podem ser aliados a movimentos corporais, os quais podem oferecer uma participação ativa dos estudantes envolvidos nessas atividades.

Não podemos esquecer, todavia, que assim como a escola desempenha um papel político dentro de uma sociedade, as disciplinas que a compõem também acabam assumindo essa função. Considerando a abordagem do folclore como um elemento de grande importância dentro do contexto escolar, não podemos deixar de apresentar o seu papel político nesse cenário. Por isso, a seguir, comentaremos algumas legislações oficiais sobre o folclore e suas sugestões de abordagem no contexto escolar.

Outros autores que podem contribuir para reflexões sobre o papel da música folclórica no contexto escolar são Almeida (1971), Arroyo (1990), Benjamin (2002), Lamas (1992), Oliveira (2001) e Souza (1996).

6.5 Folclore, educação e políticas públicas

Embora em grande parte das vezes o termo *folclore* não seja utilizado explicitamente, as legislações oficiais fazem ampla defesa das manifestações culturais populares em contextos educacionais. A própria Constituição Federal afirma, em seu art. 215, que o "Estado garantirá a todos o pleno exercício dos direitos culturais e acesso às fontes da cultura nacional, e apoiará e incentivará a valorização e a difusão das manifestações culturais" (Brasil, 1988). Ainda na Constituição Federal, encontra-se uma defesa abrangente das manifestações populares, sintetizadas no art. 216:

> Constituem patrimônio cultural brasileiro os bens de natureza material e imaterial, tomados individualmente ou em conjunto, portadores de referência à identidade, à ação, à memória dos diferentes grupos formadores da sociedade brasileira, nos quais se incluem:
>
> I. as formas de expressão;
> II. os modos de criar, fazer e viver;
> III. as criações científicas, artísticas e tecnológicas;
> IV. as obras, objetos, documentos, edificações e demais espaços destinados às manifestações artístico-culturais;

V. os conjuntos urbanos e sítios de valor histórico, paisagístico, artístico, arqueológico, paleontológico, ecológico e científico. (Brasil, 1988)

Na sequência, o texto legal cita, de forma categórica, a importância cultural do folclore para a formação social das crianças, ampliando suas perspectivas e experiências, abrindo possibilidades de novos conhecimentos e favorecendo sua autonomia. Esse artigo reforça, ainda, que esse processo deve respeitar o contexto social das crianças, sugerindo que a abordagem de outras culturas deve favorecer o enriquecimento cultural dos alunos e não servir como uma forma de imposição de algum tipo de ideal desconectado da sua realidade.

Ainda no quadro das políticas de Estado em que as manifestações culturais populares têm seus espaços de prática e transmissão garantidos, podemos citar o Programa Nacional de Direitos Humanos (PNDH), que entrou em vigor por meio do Decreto n. 1.904, de 13 de maio de 1996 (Brasil, 1996a). Já em 2002, o Decreto n. 4.229, de 13 de maio de 2002 (Brasil, 2002), propôs novas ações governamentais, as quais foram publicadas em um anexo por meio do qual essa legislação assegura o direito à cultura e ao lazer considerando os seguintes objetivos:

458. Divulgar e promover a concepção de que o direito à cultura e ao lazer constitui um direito humano.
459. Garantir a expressão das identidades locais e regionais, considerando a diversidade étnica e cultural do país, através de políticas públicas de apoio e estímulo à sua preservação.
460. Fomentar as manifestações populares, as artes plásticas, a dança, a música, a literatura e o teatro, com especial atenção ao folclore, mediante a preservação de grupos tradicionais.

461. Garantir a proteção, preservação, restauração, recuperação e acesso aos bens tombados, conjuntos urbanísticos, monumentos culturais e naturais, edificações, sítios arqueológicos, peças de museus, bibliotecas e arquivos em todo o país.

462. Fortalecer as leis de incentivo à cultura, garantindo o acesso da população aos bens e serviços culturais.

463. Concentrar em áreas com altas taxas de violência os programas de incentivo a atividades esportivas, culturais e de lazer, voltados preferencialmente ao público jovem e à população em situação de risco, buscando o envolvimento das respectivas comunidades e das confederações, clubes, atletas e artistas na gestão e divulgação desses programas.

464. Apoiar a criação de espaços públicos adaptados para a prática de esportes, lazer e manifestações culturais.

465. Estimular a abertura de escolas nos finais de semana para atividades de lazer comunitário.

466. Apoiar programas de revalorização e criação de casa de cultura, bibliotecas e arquivos públicos.

467. Apoiar a implementação do programa 'Rota dos Escravos', que prevê a recuperação, compilação e tratamento de arquivos históricos (fontes primárias relativas ao tráfico de escravos), e o tratamento informatizado deste material, com a constituição de um banco de dados sobre o assunto. (USP, 2002)

É possível perceber que embora não utilize a palavra *folclore*, essa legislação tenta abarcar praticamente todas as suas formas de manifestação. Outra sugestão é apoiar a implementação dessas manifestações em contextos de vulnerabilidade social por meio de programas de incentivo. Esse ponto abre espaço para a utilização de manifestações folclóricas, não só dentro do espaço escolar, mas também em ações comunitárias ou em projetos sociais.

O quadro cultural brasileiro também foi objeto da Emenda Constitucional n. 48, de 10 de agosto de 2005, que estabeleceu o Plano Nacional de Cultura (PNC) com base nos seguintes objetivos:

I. defesa e valorização do patrimônio cultural brasileiro;
II. produção, promoção e difusão de bens culturais;
III. formação de pessoal qualificado para a gestão da cultura em suas múltiplas dimensões;
IV. democratização do acesso aos bens de cultura;
V. valorização da diversidade étnica e regional. (Brasil, 2005a)

Nessa legislação, verificamos uma preocupação em relação não só às práticas, mas também aos gestores culturais, ou seja, aos indivíduos responsáveis pela implementação das políticas de Estado em relação à cultura. Conceitos como *formação de pessoal qualificado*, *gestão da cultura* e *bens de cultura* apontam para a ideia de que a democratização e a valorização cultural passam por órgãos públicos de gestão.

Para reforçar o papel do Poder Público quanto às legislações culturais, o Decreto n. 5.520, de 24 de agosto de 2005, instituiu o Sistema Federal de Cultura (SFC), com os seguintes objetivos:

I. integrar os órgãos, programas e ações culturais do Governo Federal;
II. contribuir para a implementação de políticas culturais democráticas e permanentes, pactuadas entre os entes da federação e sociedade civil;

III. articular ações com vistas a estabelecer e efetivar, no âmbito federal, o Plano Nacional de Cultura; e
IV. promover iniciativas para apoiar o desenvolvimento social com pleno exercício dos direitos culturais e acesso às fontes da cultura nacional. (Brasil, 2005b)

Como podemos perceber, entre os objetivos do SFC está a viabilização do PNC, com o intuito de promover a implementação de políticas culturais em âmbito nacional. Considerando-se esse aspecto, a relação entre as políticas de Estado e a abordagem em relação às práticas culturais é apresentada de forma explícita. Por isso, não levar em conta que, ainda hoje, o campo cultural é um espaço de tensões e disputas que também são políticas é não estar atento à profundidade das problemáticas envolvidas ao se referir às legislações públicas referentes à cultura.

Quanto às legislações educacionais e às manifestações culturais populares, há a Lei de Diretrizes e Bases da Educação Nacional (LDBEN), de 1996, como um documento de referência (Brasil, 1996b). A LDBEN não cita explicitamente o termo *folclore*, mas já em seu art. 1º expõe que

a educação abrange os processos formativos que se desenvolvem na vida familiar, na convivência humana, no trabalho, nas instituições de ensino e pesquisa, nos movimentos sociais e organizações da sociedade civil e nas manifestações culturais. (Brasil, 1996b)

Ou seja, a educação abarca os principais elementos nos quais as manifestações folclóricas nascem, são transmitidas e se perpetuam. Com essa consideração, a LDBEN, já em 1996, abria espaço à abordagem do folclore no contexto educacional.

Outra legislação educacional que trata abertamente da necessidade de se levar em conta os contextos sociais e considerar as manifestações populares como elementos de grande relevância no quadro educacional diz respeito aos Parâmetros Curriculares Nacionais (PCNs). Segundo esses documentos, no volume Arte, "estudar o sistema modal/tonal no Brasil, por meio das culturas locais, regionais, nacionais e internacionais, colabora para conhecer a nossa língua musical materna" (Brasil, 1997, p. 53). Mais uma vez, uma legislação aponta para a necessidade de valorização cultural nacional e inclui até mesmo uma citação explícita sobre a música.

Até aqui, abordamos legislações que valorizam a cultura nacional como um meio de enriquecimento no processo educacional e mostram a necessidade de sua valorização, sugerindo seu espaço no quadro educacional brasileiro. Contudo, algumas legislações podem ter uma função ainda mais forte dentro do contexto educacional. Como exemplo, podemos citar a Lei n. 11.645, de 10 de março de 2008 (Brasil, 2008), que alterou a LDBEN (Brasil, 1996b), já modificada pela Lei n. 10.639, de 9 de janeiro de 2003 (Brasil, 2003), que estabeleceu a obrigatoriedade da temática "História e Cultura Afro-Brasileira e Indígena" nas instituições escolares brasileiras.

Essas legislações abarcam as escolas de ensino fundamental e médio, públicas e particulares, com o objetivo de propor uma abordagem profunda dos processos sociais brasileiros em relação aos povos negros e indígenas, refletindo sobre suas problemáticas e seu contexto atual. Elas acabam abrindo um grande espaço para a abordagem dessas culturas e suas formas de manifestação, que permitem trazer as influências folclóricas e os conhecimentos por elas oferecidos como meio de enriquecer a experiência educacional.

O espaço para uma abordagem mais profunda sobre as culturas negra e indígena também tem outra função de grande importância. Para Silva (1997), a relevância de abordar diferentes culturas em sala de aula – especialmente a negra – está no fato de que: "**Embora as Ciências Sociais tenham feito muitos avanços, a cultura da inferioridade racial e o mito da *primitividade* do negro ainda estão presentes na contemporaneidade, penetrando na memória coletiva de negros e brancos em nosso país, interferindo na formação da subjetividade de ambos**"(Silva, 1997, p. 48, grifo do original). Esse fenômeno favorece a perpetuação de estereótipos e estigmatizações, além de processos de exploração e violência que atingem os indivíduos e as comunidades negras. Por isso, conhecer toda a riqueza cultural e artística de origem ou influência africana no contexto educacional auxilia na construção de um conhecimento positivo e permite uma real valorização das heranças negras em nossa cultura. A abordagem não só da cultura negra, mas também da indígena, mostra-se de grande relevância, pois essas foram duas culturas que passaram – e ainda passam – por violentos processos opressores.

Levando em conta alguns elementos presentes nas legislações nacionais, exemplificamos o papel político que as manifestações culturais populares e, por consequência, a abordagem do folclore podem ter no contexto educacional. Entre os principais defensores dessa abordagem e de seu papel político está Fernandes (1978). Embora fosse um grande defensor do folclore no contexto educacional, Fernandes (1978) foi contra a ideia de fazer uma disciplina escolar específica para ele no currículo escolar. Em síntese, o autor considerava que a abordagem do folclore deveria se afastar das complicações implícitas de um currículo escolar. Entre outros problemas implicados nesse cenário, estaria uma abordagem conteudista das manifestações folclóricas, separando-as de seu contexto. Nesse ponto, Fernandes (1978) está alinhado à Carta do Folclore, que dá grande ênfase ao professor na elaboração e na abordagem das atividades folclóricas no contexto educacional. Nesse sentido, é de responsabilidade do docente elaborar e aplicar atividades contextualizadas, que permitam aos estudantes compreender as dinâmicas sociais presentes e valorizar uma nova vivência cultural e social. Essa ideia é diametralmente oposta a uma abordagem na qual apenas aspectos folclóricos são abordados, de forma fragmentada e isolada, como o Dia do Índio, o Dia da Árvore, entre outros, como critica Biasi (2008).

Isolar o folclore em uma disciplina específica seria, de certa forma, deixar de valorizar as possibilidades que ele oferece a todas as disciplinas. Como Biasi (2008, p. 57) sintetiza:

> Neste sentido, pensar uma política nacional que proponha a preservação do folclore como proposta educativa para a criança aprender e agir como ser social, cooperar e a compartilhar com seus iguais, se submeter e valorizar as regras sociais existentes na herança cultural, a importância da liderança e da identificação com centros de interesses suprapessoais, além de introjetar técnicas, conhecimentos e valores que se acham objetivados culturalmente é de grande valia.

Dessa forma, a utilização de elementos folclóricos pode se abrir para diferentes visões e concepções do seu papel e constar no próprio projeto pedagógico da instituição de ensino, contribuindo para sua função como transmissora de conhecimentos. Para isso, como já afirmamos, é preciso compreender a escola como um espaço social inserido em contextos sociais com suas práticas culturais e identidades historicamente construídas. Utilizar os elementos folclóricos nos espaços educacionais é abrir possibilidades de entender as características sociais presentes e as influências contemporâneas que também acabam modificando culturalmente o contexto dessa instituição.

Resumo da ópera

Neste capítulo, abordamos questões mais amplas sobre o folclore, nas quais as práticas musicais também estão inseridas. Para oferecer uma contextualização mais próxima dos nossos dias, apresentamos as formas de perpetuação e de desaparecimento das manifestações folclóricas, para, em seguida, comentarmos sobre os conceitos de cultura erudita, cultura popular e cultura de massa. Além disso, tratamos do folclore como forma de conhecimento popular em que está depositada a identidade sociocultural de um povo, estando também à mercê de um ciclo natural de nascimento, apogeu e arrefecimento. Como desdobramento desses conceitos, apontamos as manifestações folclóricas como forma de resistência, que pode ser social, política e econômica em relação às instituições e aos sistemas dominantes. Abordamos ainda o conceito de persistência cultural, por meio do qual se entende que as manifestações folclóricas, além de resistirem ao seu contexto contemporâneo, absorvem elementos dele.

As relações entre o folclore musical e a educação foram uma das principais temáticas deste capítulo. Sob essa ótica, apresentamos o folclore como um meio de promover a organização social e a assimilação de um conjunto de valores que pode contribuir amplamente no contexto educacional. Também, demonstramos como a utilização do folclore pode apoiar o desenvolvimento das funções cognitivas de seus participantes. E, por fim, na última seção, mencionamos as legislações oficiais que versam sobre a presença do folclore no contexto educacional, além das políticas culturais. A apresentação das legislações oficiais teve a função de lembrar que ainda hoje o folclore ocupa um papel político dentro do nosso quadro social.

Teste de som

1. Segundo Frade (1991), qual é a definição de cultura erudita?
   a) A cultura oficial transmitida por meio de sistemas específicos e especializados.
   b) A cultura não oficial transmitida por meio de sistemas específicos e especializados.
   c) A cultura não oficial transmitida de maneira oral e fundamentada nas tradições.
   d) A cultura oficial transmitida de maneira oral e fundamentada nas tradições.
   e) A cultura oficial transmitida de maneira oral e fundamentada no senso comum.

2. Segundo Frade (1991), qual é a definição de cultura de massa?
   a) A cultura que resulta do processo educacional e que viabilizou ao sistema público de ensino um amplo campo de expansão e influência sobre a população.
   b) A cultura que resulta do processo de resistência cultural e que viabilizou à população a preservação das tradições.
   c) A cultura que resulta do processo de industrialização e que viabilizou aos meios de comunicação um amplo campo de expansão e influência sobre a população.
   d) A cultura que resulta do processo de industrialização e que inviabilizou aos meios de comunicação um amplo campo de expansão e influência sobre a população.
   e) A cultura que resulta do processo de industrialização e que viabilizou aos meios de comunicação um restrito campo de expansão e influência sobre a população.

3. De acordo com Frade (1991), qual é a definição de cultura popular?
   a) A cultura que nasce com a transmissão de conhecimentos elaborados e sistematizados, sendo que sua aprendizagem ocorre por meio de uma participação contínua, rotineira e absolutamente interativa.
   b) A cultura que nasce com as relações familiares, de vizinhança ou de compadrio, sendo que sua aprendizagem ocorre apenas por meio da transmissão oral.
   c) A cultura que nasce com as relações familiares, de vizinhança ou de compadrio, sendo que sua aprendizagem ocorre por meio das instituições de ensino públicas.

d) A cultura que nasce com as relações familiares, de vizinhança ou de compadrio, sendo que sua aprendizagem ocorre por meio de uma participação contínua, rotineira e absolutamente interativa.

e) A cultura que nasce com as relações familiares, de vizinhança ou de compadrio, sendo que sua aprendizagem ocorre por meio de uma transmissão conservadora para a sua preservação.

4. De acordo com Fernandes (1978), para que serve a abordagem do folclore no contexto escolar?
   a) Para a erudição e o enriquecimento cultural no espaço escolar. Isso se deve ao fato de que a utilização do folclore tem como principal objetivo promover o desenvolvimento cognitivo por meio de brincadeiras e jogos.
   b) Para o enriquecimento da experiência educacional. Isso se deve ao fato de que a utilização do folclore tem como principal objetivo promover a socialização por meio de brincadeiras e jogos.
   c) Para a erudição e o enriquecimento cultural no espaço escolar. Isso se deve ao fato de que a utilização do folclore tem como principal objetivo promover a socialização por meio de brincadeiras e jogos.
   d) Para o enriquecimento da experiência educacional. Isso se deve ao fato de que a utilização do folclore no espaço escolar tem como principal objetivo promover o desenvolvimento cognitivo por meio de brincadeiras e jogos.

e) Para o desenvolvimento cognitivo. Isso se deve ao fato de que a utilização do folclore no espaço escolar tem como principal objetivo promover a socialização por meio de brincadeiras e jogos.

5. Segundo a Constituição Federal (Brasil, 1988), o que constitui o patrimônio cultural brasileiro?
   a) Os bens de natureza apenas material, tomados individualmente ou em conjunto, portadores de referência à identidade, à ação, à memória dos diferentes grupos formadores da sociedade brasileira.
   b) Bens tanto de natureza material como imaterial, tomados individualmente ou em conjunto, portadores de referência à identidade, à ação, à memória dos diferentes grupos formadores da sociedade brasileira.
   c) Os bens de natureza apenas imaterial, tomados individualmente ou em conjunto, portadores de referência à identidade, à ação, à memória dos diferentes grupos formadores da sociedade brasileira.
   d) Bens tanto de natureza material como imaterial, tomados individualmente ou em conjunto, portadores de referência à identidade, à ação, à memória de uma parte dos grupos formadores da sociedade brasileira.
   e) Bens tanto de natureza material como imaterial, tomados individualmente ou em conjunto, portadores de referência à identidade, à ação e à memória de uma alta cultura da sociedade brasileira.

Treinando o repertório

Pensando na letra

1. Quais são as questões mais interessantes levantadas pelos estudantes no processo de abordagem da disciplina de folclore musical?

2. Quais novas perspectivas e possibilidades o aprofundamento do estudo do folclore pode trazer para a prática docente? Elabore um texto refletindo a respeito de seu processo de desenvolvimento sobre o tema durante a disciplina.

Som na caixa

1. Garcia (2000) explica que a organização de uma manifestação folclórica fica sob responsabilidade dos adultos, conferindo a ela um aspecto de tradição. Sob essa ótica, aprenda uma canção utilizada por crianças, bem como seus gestos, movimentos e regras, buscando uma interação que permita um ambiente participativo e colaborativo juntamente com as crianças participantes dessa atividade.

FECHAM-SE AS CORTINAS

Nesta obra, quando falamos em folclore, não levamos em conta apenas as condições de produção cultural, mas também as manifestações artísticas que emanam da cultura popular. É inegável que tais manifestações podem ser produzidas por grupos específicos de uma sociedade. Contudo, também são, essencialmente, formas de expressão de indivíduos e coletividades, considerando suas crenças, emoções e todo um universo subjetivo que ganha vida a partir da arte e especialmente da música. Essa perspectiva permeou toda a elaboração deste livro, bem como as abordagens e reflexões sobre as diferentes questões apresentadas.

Apesar das inúmeras discussões entre os conceitos de folclore e de culturas populares, não compreendemos ambos como termos antagônicos, ou seja, como conceitos que podem ou não se referir aos mesmos fenômenos. Pelo contrário, consideramos que o folclore está inserido na cultura popular, o que não significa que toda manifestação cultural popular seja folclórica. Assim, nossa proposta foi apresentar os diversos elementos presentes na abordagem do folclore musical como disciplina e mostrar sua presença e seus desdobramentos em diferentes espaços sociais, momentos históricos e áreas de conhecimento ao longo dos seis capítulos deste livro.

Abordar o folclore tornou-se complexo devido ao contexto atual. O grande desenvolvimento tecnológico, a velocidade com que as informações alcançam lugares cada vez mais distantes e a influência que esses fenômenos exercem nos indivíduos e nas sociedades levam à reflexão sobre quais são o papel e o espaço para as manifestações folclóricas no mundo contemporâneo. Esse quadro se revela ainda mais difícil de ser refletido ao levarmos em conta não só a velocidade com a qual as informações chegam, mas também a rapidez com que as próprias tecnologias são substituídas. Essas questões oferecem um quadro instável que, em certa medida, vai ao encontro das manifestações folclóricas. Estas, por mais dinâmicas que sejam, trazem em sua essência elementos tradicionais, com o objetivo de perpetuarem determinados conhecimentos e valores. Isso leva a um ponto de tensão, no qual se torna complexo situar e descrever uma sociedade ou mesmo seus indivíduos, dentro de um quadro histórico de preservação e disseminação de hábitos, valores e crenças.

Por fim, as tecnologias oferecem aos meios de massificação da cultura uma ferramenta de grande poder na distorção, descaracterização e colonização cultural. Por meio da força econômica, até mesmo valores e hábitos são influenciados por uma verdadeira indústria cultural, que transforma o agente participante de uma manifestação cultural e/ou folclórica em mais um consumidor de conteúdos totalmente fora da realidade local, mas que têm seu espaço de disseminação garantido pelo poder financeiro do grupo interessado. Nesse sentido, o processo de mercantilização cultural é um dos grandes fatores de dificuldade para a abordagem do folclore em contextos educacionais. Pelo próprio fato de a escola muitas vezes também ser uma instituição mercantilizadora, cujo principal objetivo é a formação de mão de obra para o mercado, o estudo cultural é marginalizado e desvalorizado. Assim, o papel de formação sociocultural e política dos estudantes fica prejudicado. Outro agravante em relação à possibilidade de relacionar o folclore às práticas educacionais está no fato de que as políticas públicas de educação não oferecem elementos teóricos e práticos viáveis aos contextos educacionais brasileiros.

Contudo, essa é a realidade do quadro atual, e encontrar o espaço das manifestações folclóricas nesse contexto, sem dúvida, é um grande desafio. Isso pode levar a um processo de desintegração da espontaneidade popular, substituída por práticas colonizadoras que têm como objetivo somente a expansão financeira de um mercado de consumo.

Mesmo levando em conta o complexo quadro contemporâneo a partir das reflexões propostas durante os seis capítulos que compõem este trabalho, podemos atribuir ao folclore a possibilidade de contribuir para a formação de indivíduos capazes de refletir sobre seus papéis sociais e sobre sua cultura.

Nesse sentido, o papel do folclore ganha ainda mais força quando analisamos suas relações com a música. Sob essa ótica, observamos que diferentes elementos da música folclórica estiveram presentes em vários momentos de relevância na história do Brasil, como uma forma de construir e legitimar ou de opor-se a um ideal social. Isso nos faz refletir a respeito da função e das contribuições da música folclórica em um processo de socialização, no qual o indivíduo consegue assimilar seu papel, sua história e sua cultura em um quadro de desenvolvimentos, tensões, opressões e transformações.

Nesse sentido, podemos conceber o folclore musical como parte inerente da existência humana, destacando sua importância na transmissão e expressão das mais diferentes e ricas formas de conhecimento. O folclore musical é tão vivo e dinâmico quanto os indivíduos que o criam, perpetuam-no e transformam-no. Sua presença é percebida desde a infância, por meio de canções infantis, nas festas de diferentes origens e, até mesmo, em velórios, acompanhando-nos em todos os ciclos de nossa vida.

Por essas razões, neste livro tratamos o folclore musical, principalmente, como um meio de perpetuação e expressão de conhecimentos que possibilita aos indivíduos e coletividades desenvolver, por meio de sua prática, a autonomia em relação à sua vida e às suas escolhas, considerando seus hábitos, suas crenças e seus valores.

LISTA DE SIGLAS

CPC – Centro Popular de Cultura
Dasp – Departamento de Administração e Serviço Público
Idort – Instituto de Organização Racional do Trabalho
Inpa – Instituto Nacional de Pesquisa da Amazônia
Iphan – Instituto do Patrimônio Histórico e Artístico Nacional
LDBEN – Lei de Diretrizes e Bases da Educação Nacional
PCB – Partido Comunista Brasileiro
PCNs – Parâmetros Curriculares Nacionais
PGC – Programa Grande Carajás
PIB – Produto Interno Bruto
PNC – Plano Nacional de Cultura
PNDH – Programa Nacional de Direitos Humanos
PSD – Partido Social Democrático
PTB – Partido Trabalhista Brasileiro
Sema – Superintendência de Educação Musical e Artística
SFC – Sistema Federal de Cultura
Sudam – Superintendência de Desenvolvimento da Amazônia
UDN – União Democrática Nacional
UNE – União Nacional dos Estudantes
Unesco – Organização das Nações Unidas para a Educação, a Ciência e a Cultura

REFERÊNCIAS

ABSOLUTA CINE. **O Reisado – Documentário**. 15 jun. 2014. Disponível em: <https://www.youtube.com/watch?v=fVcQJ0yZvuY>. Acesso em: 2 jun. 2020.

ALMEIDA, A. **Catiara – As tradições do caipira na modernidade [Documentário]**. 27 jan. 2016. Disponível em: <https://www.youtube.com/watch?v=n3zoSlixMpc>. Acesso em: 2 jun. 2020.

ALMEIDA, B. de A.; PUCCI, M. D. **Outras terras, outros sons**. São Paulo: Callis, 2002.

ALMEIDA, P. **Boi Garantido – Boi-bumbá evolução**. 12 out. 2017. Disponível em: <https://www.youtube.com/watch?v=8W_XkSkLnXw>. Acesso em: 2 jun. 2020.

ALMEIDA, R. **Vivência e projeção do folclore**. Rio de Janeiro: Agir, 1971.

ALUCCI, R. et al. **A música na escola**. São Paulo: Allucci & Associados Comunicações, 2012.

AMARAL, A. **Tradições populares**. São Paulo: Instituto Progresso Editorial, 1948.

ANDRADE, M. de. **Música do Brasil**. Curitiba: Guaíra, 1941.

ARANTES, A. A. **O que é cultura popular?** São Paulo: Brasiliense, 2007.

ARISTÓTELES. **Política**. São Paulo: Nova Cultural, 2004.

ARROYO, M. Educação musical: um processo de aculturação ou enculturação? **Em Pauta**, Porto Alegre, v. 1, n. 2, p. 29-43, 1990.

AYALA, M.; AYALA, M. I. N. **Cultura popular brasileira**. São Paulo: Ática, 2003.

AYOUB, E. A ginástica geral no contexto escolar. In: FÓRUM INTERNACIONAL DE GINÁSTICA GERAL, 1., 2001, Campinas.

BASTIDE, R. **Sociologia do folclore brasileiro**. São Paulo: Anhambi, 1959.

BENJAMIN, R. Folclore: cultura viva. In: CONGRESSO BRASILEIRO DE FOLCLORE, 10., 2002, São Luís.

BERLIN, I. **As raízes do romantismo**. Tradução de Henry Hardy. São Paulo: Três Estrelas, 2015.

BERNET, R. Edmund Husserl. In: PRADEAU, J.-F. F. (Org.). **História da filosofia**. Petrópolis: Vozes/PUC-Rio, 2012. p. 412-421.

BESCHE, W. **Maracatu rural enche de cores Nazaré da Mata**. 19 fev. 2013. Disponível em: <https://www.youtube.com/watch?v=7jwERsj2s9g>. Acesso em: 2 jun. 2020.

BIASI, L. M. **Escola, folclore e cultura**: perspectivas políticas e pedagógicas. 125 f. Dissertação (Mestrado em Educação) – Fundação Universidade de Passo Fundo, Passo Fundo, 2008.

BORBA, A. O folclore e suas relações com as ciências sociais, a educação e a socialização da infância em Florestan Fernandes. In: FERNANDES, F.; FÁVERO, O. (Org.). **Democracia e educação em Campinas**. Niterói: EdUFF, 2005. p. 119-132.

BOSSLE, M. **Festa Divino em Santo Amaro da Imperatriz**. 4 jun. 2017. Disponível em: <https://www.youtube.com/watch?v=FT5YxTPY2Is>. Acesso em: 2 jun. 2020.

BRANDÃO, C. R. **O que é folclore**. São Paulo: Brasiliense, 1994.

BRASIL. Ato Institucional n. 5, de 13 de dezembro de 1968. **Diário Oficial da União**, Brasília, 13 dez. 1968. Disponível em: <http://www.planalto.gov.br/ccivil_03/AIT/ait-05-68.htm>. Acesso em: 2 jun. 2020.

BRASIL. Constituição (1988). **Diário Oficial da União**, Brasília, DF, 5 out. 1988. Disponível em: <http://www.planalto.gov.br/ccivil_03/Constituicao/Constituicao.htm>. Acesso em: 2 jun. 2020.

BRASIL. Constituição (1988). Emenda constitucional n. 48, de 10 de agosto de 2005. **Diário Oficial da União**, Poder Legislativo, Brasília, DF, 11 ago. 2005a. Disponível em: <http://www.planalto.gov.br/ccivil_03/constituicao/emendas/emc/emc48.htm>. Acesso em: 2 jun. 2020.

BRASIL. Decreto n. 1.904, de 13 de maio de 1996. **Diário Oficial da União**, Poder Executivo, Brasília, DF, 14 maio 1996a. Disponível em: <http://www.planalto.gov.br/ccivil_03/decreto/D1904.htm>. Acesso em: 2 jun. 2020.

BRASIL. Decreto n. 4.229, de 13 de maio de 2002. **Diário Oficial da União**, Poder Executivo, Brasília, DF, 14 maio 2002. Disponível em: <http://www.planalto.gov.br/ccivil_03/decreto/2002/D4229.htm>. Acesso em: 2 jun. 2020.

BRASIL. Decreto n. 5.520, de 24 de agosto de 2005. **Diário Oficial da União**, Poder Executivo, Brasília, DF, 25 ago. 2005b. Disponível em: <http://www.planalto.gov.br/ccivil_03/_ato2004-2006/2005/Decreto/D5520.htm>. Acesso em: 2 jun. 2020.

BRASIL. Decreto n. 19.890, de 18 de abril de 1931. **Diário Oficial da União**, Poder Executivo, Rio de Janeiro, 1 maio 1931. Disponível em: <https://www2.camara.leg.br/legin/fed/decret/1930-1939/decreto-19890-18-abril-1931-504631-publicacaooriginal-141245-pe.html>. Acesso em: 2 jun. 2020.

BRASIL. Lei n. 9.394, de 20 de dezembro de 1996. **Diário Oficial da União**, Poder Legislativo, Brasília, DF, 23 dez. 1996b. Disponível em: <http://www.planalto.gov.br/ccivil_03/LEIS/l9394.htm>. Acesso em: 2 jun. 2020.

BRASIL. Lei n. 10.639, de 9 de janeiro de 2003. **Diário Oficial da União**, Poder Legislativo, Brasília, DF, 10 jan. 2003. Disponível em: <http://www.planalto.gov.br/ccivil_03/leis/2003/L10.639.htm>. Acesso em: 2 jun. 2020.

BRASIL. Lei n. 11.645, de 10 de março de 2008. **Diário Oficial da União**, Poder Legislativo, Brasília, DF, 11 mar. 2008. Disponível em: <http://www.planalto.gov.br/ccivil_03/_ato2007-2010/2008/lei/l11645.htm>. Acesso em: 2 jun. 2020.

BRASIL. Ministério da Cultura. CNPC – Conselho Nacional de Política Cultural. **Plano Nacional de Cultura**. Brasília, 2005c.

BRASIL. Ministério da Educação. Secretaria de Educação Fundamental. **Parâmetros curriculares nacionais**: 1ª a 4ª séries. Brasília, 1997. v. 6: arte. Disponível em: <http://portal.mec.gov.br/seb/arquivos/pdf/livro06.pdf>. Acesso em: 2 jun. 2020.

BRITO, B. **Samba de roda – CD completo Bahia**. 14 jan. 2016. Disponível em: <https://www.youtube.com/watch?v=eeTeLqMhOdY>. Acesso em: 18 fev. 2020.

BRITTO, R. **Documentário – Coco de roda Novo Quilombo**. 11 out. 2018. Disponível em: <https://www.youtube.com/watch?v=wBMEaLpBahU>. Acesso em: 2 jun. 2020.

BUGNARD, P.-P. **Le temps des espaces pédagogiques**: de la cathédrale orientée à la capitale occidentée. Nancy: Éditions Universitaires de Lorraine, 2013.

BURKE, P. **Cultura popular na idade moderna**. Tradução de Denise Bootmann. São Paulo: Companhia das Letras, 1989.

CABRAL, A. do V. **Achegas ao estudo do folclore brasileiro**. Rio de Janeiro: MEC/DAC/Funarte, 1978.

CABRAL, R. **Documentário histórico congados de Monte Alegre de Minas**. Disponível em: <https://www.youtube.com/watch?v=R-PPCnUX82U>. Acesso em: 2 jun. 2020.

CARAMELO. **Frevo – Patrimônio imaterial da humanidade**. 21 set. 2013. Disponível em: <https://www.youtube.com/watch?v=0YoeHJ805iU>. Acesso em: 2 jun. 2020.

CARLINI, A. **Caju e Castanha (Recife PE) – Série Músicos de Rua (TV Zero – Som da rua, 1997)**. 12 mar. 2012. Disponível em: <https://www.youtube.com/watch?v=6-7B8COI_S0>. Acesso em: 2 jun. 2020.

CARPEAUX, O. M. **O livro de ouro da história da música**: da idade média ao século XX. Rio de Janeiro: Ediouro, 2001.

CARVALHO, E. V.; ABREU JÚNIOR, L. de M. Relações entre educação, higienismo, moral e patriotismo na I Conferência Nacional de Educação (1927). **Revista HISTEDBR On-line**, Campinas, n. 45, p. 62-77, mar. de 2012. Disponível em: <http://www.histedbr.fe.unicamp.br/revista/edicoes/45/art05_45.pdf>. Acesso em: 2 jun. 2020.

CARVALHO, J. M. de C. **A formação das almas**: o imaginário da república no Brasil. São Paulo: Companhia das Letras, 1995.

CASCUDO, L. da C. **Contos tradicionais do Brasil**. São Paulo: Global, 2002a.

CASCUDO, L. da C. **Dicionário do folclore brasileiro**. Belo Horizonte: Itatiaia, 1984.

CASCUDO, L. da C. **Lendas brasileiras**. São Paulo: Global, 2002b.

CASEMIRO, S. R. **A lenda da Iara**: nacionalismo literário e folclore. 181 f. Dissertação (Mestrado em Literatura) – Universidade de São Paulo, São Paulo, 2012.

CAVALCANTI, M. L. V. de C. Cultura popular e sensibilidade romântica: as danças dramáticas de Mário de Andrade. **RBCS**, São Paulo, v. 19, n. 1, p. 57-79, fev. 2004. Disponível em: <http://www.scielo.br/pdf/rbcsoc/v19n54/a04v1954.pdf>. Acesso em: 2 jun. 2020.

CHAVES, S. da C. 22 por 1: o modernismo avaliado por Mário de Andrade. **Revista Grau Zero**, Salvador, v. 1, n. 1, p. 13-32, jan./jun. 2013. Disponível em: <https://www.revistas.uneb.br/index.php/grauzero/article/view/2237/1553>. Acesso em: 2 jun. 2020.

COMUNICARTE – FCA – UFMT. **Flor ribeirinha – Siriri – Teatro UFMT**. 28 ago. 2017. Disponível em: <https://www.youtube.com/watch?v=z_M2lkqr-G8>. Acesso em: 2 jun. 2020.

CORTÊS, G. **Dança Brasil**: festas e danças populares. Belo Horizonte: Leitura, 2000.

CUCHE, D. **A noção de cultura nas ciências sociais**. Bauru: Edusc, 2002.

CULTURA PAI D'ÉGUA. **Lundu Marajoara – Grupo Frutos do Pará**. 3 abr. 2017. Disponível em: <https://www.youtube.com/watch?v=16KKItpujGs>. Acesso em: 2 jun. 2020.

DUMONT, S. **O Brasil em festa**. São Paulo: Companhia das Letrinhas, 2000.

DURANT, W. **A história da filosofia**. Tradução de Luiz Carlos do Nascimento Silva. São Paulo: Nova Cultural, 1996.

ENTRE COLETIVO. **Maracatu Nação Encanto da Alegria – Desfile oficial 2019**. 5 mar. 2019. Disponível em: <https://www.youtube.com/watch?v=PzSEPIvPuuE>. Acesso em: 2 jun. 2020.

FÁVERO, M. de L. de A. A Universidade no Brasil: das origens à Reforma Universitária de 1968. **Revista Educar**, Curitiba, n. 28, p. 17-36, 2006. Disponível em: <http://www.scielo.br/pdf/er/n28/a03n28.pdf>. Acesso em: 2 jun. 2020.

FÁVERO, M. de L. de A. **Universidade do Brasil**. Rio de Janeiro: Ed. da UFRJ, 2000.

FERNANDES, F. **Folclore e mudança social na cidade de São Paulo**. São Paulo: Anhembi, 1961.

FERNANDES, F. **O folclore em questão**. São Paulo: Hucitec, 1978.

FONTERRADA, M. T. de O. **De tramas e fios**: um ensaio sobre música e educação. São Paulo: Edunesp, 2008.

FRAGA, C. S. de. **Vanerão sapateado**. 18 abr. 2016. Disponível em: <https://www.youtube.com/watch?v=n5KPFfzRRvE>. Acesso em: 2 jun. 2020.

FRADE, M. de C. N. **Folclore**. São Paulo: Global, 1991.

FREYRE, G. **Casa-grande e senzala**: formação da família brasileira sob o regime da economia patriarcal. São Paulo: Global, 2006.

GARCIA, R. M. R. A compreensão do Folclore. In: GARCIA, R. M. R. (Org.). **Compreender e aplicar folclore na escola**. Porto Alegre: Comissão Gaúcha de Folclore/Comissão de Educação, Cultura, Desporto, Ciência e Tecnologia da Assembleia Legislativa do Estado do Rio Grande do Sul, 2000. p. 16-36.

GEERTZ, C. **A interpretação das culturas**. Rio de Janeiro: LCT, 1989.

GEVAERT, F.-A. **Histoire et théorie de la musique de l'antiquité**. Gand: Typographie C. Annoot-Braekman, 1875.

GOMBRICH, E. H. J. **A história da arte**. Tradução de Álvaro Cabral. Rio de Janeiro: LTC, 1999.

GONÇALVES, N. **Homenagem a Goiano (seleção de Cururu)**. 29 jun. 2015. Disponível em: <https://www.youtube.com/watch?v=McVwor0XgDM>. Acesso em: 2 jun. 2020.

GROUT, D.; PALISCA, C. **História da música ocidental**. Tradução de Ana Luísa Faria. Lisboa: Gradiva, 1995.

HEGEL, G. W. F. **Cursos de estética**. Tradução de Marco Aurélio Werle. São Paulo: Edusp, 2001.

HEIDEGGER, M. **Ser e tempo**. 8. ed. Tradução de Márcia Sá Cavalcante Schuback. Petrópolis: Vozes, 2006.

HUSSERL, E. **Ideias para uma fenomenologia pura e uma filosofia fenomenológica**. Tradução de Márcio Suzuki. Aparecida: Ideias & Letras, 2006.

INSTRUTORA LISSANDRA. **Coco de roda Sucena Maringá – Ritmos e manifestações afro-brasileiras**. 28 maio 2015. Disponível em: <https://www.youtube.com/watch?v=_u6nufWq1oM>. Acesso em: 2 jun. 2020.

KANT, I. **Crítica da faculdade do juízo**. Tradução de Valerio Rohden e Antônio Marques. Rio de Janeiro: Forense Universitária, 1993.

KUYA COMUNICAÇÃO. **Trailer documentário "Tauá – Um rasqueado lá daquela gente boa"**. 11 set. 2015. Disponível em: <https://www.youtube.com/watch?v=N9zj6hr7tAo>. Acesso em: 2 jun. 2020.

LABMÍDIA. **Vídeo documentário – Boi de Mamão digital – Morro dos Conventos – SC**. 18 out. 2013. Disponível em: <https://www.youtube.com/watch?v=UaU84yh_3HA>. Acesso em: 2 jun. 2020.

LAMAS, D. M. **A música de tradição oral (folclórica) no Brasil**. Edição do autor. Rio de Janeiro: [s.n.], 1992.

LANGER, S. **Filosofia em nova chave**. Tradução de Janete Meiches e J. Guinburg. São Paulo: Perspectiva, 1971.

LEITE, S. **História da Companhia de Jesus no Brasil**. Porto: Tipografia Porto Médico, 1938.

LEMOS JÚNIOR, W. O ensino do canto orfeônico na escola secundária brasileira (décadas de 1930 e 1940). **Revista HISTEDBR On-line**, Campinas, n. 42, p. 279-295, jun. 2011. Disponível em: <http://www.histedbr.fe.unicamp.br/revista/edicoes/42/art18_42.pdf>. Acesso em: 2 jun. 2020.

LIDE UFF. **Dança (Pontão de Cultura do Jongo)**. 3 abr. 2014. Disponível em: <https://www.youtube.com/watch?v=BSmWU7bmU-c>. Acesso em: 2 jun. 2020.

LIMA, R. T. de. **Abecê de folclore**. São Paulo: Ricordi, 1985.

MACHADO, C. do C. **Boi de Mamão do Sambaqui – 2019**. 25 ago. 2019. Disponível em: <https://www.youtube.com/watch?v=J-kXjkyjxjg>. Acesso em: 2 jun. 2020.

MAE – UFPR. Documentário – no ritmo do fandango. S. d. Disponível em: <https://www.youtube.com/watch?v=_CZJrHSgoDM>. Acesso em: 2 jun. 2020.

MAFFIOLETTI, L.; RODRIGUES, J. P. **Cantigas de roda**. Porto Alegre: Magister, 1992.

MANN, W. **A música no tempo**. Tradução de Gradiva Publicações. São Paulo: M. Fontes, 1987.

MARCHI, L. **Extras documentário Fandango – dança tradicional do Paraná (Chico com Grupo Mestre Brasilio)**. 19 set. 2014. Disponível em: <https://www.youtube.com/watch?v=3eg-vDlkxXc>. Acesso em: 2 jun. 2020.

MARIANI, S. Émile Jaques-Dalcroze: a música e o movimento. In: MATEIRO, I.; ILARI, B. (Org.). **Pedagogias em educação musical**. Curitiba: Ibpex, 2011. p. 25-46.

MEGALE, N. B. **Folclore brasileiro**. Petrópolis: Vozes, 1999.

MENUHIN, Y.; DAVIS, C. **A música do homem**. Tradução de Auriphebo B. Simões. São Paulo: M. Fontes, 1981.

MIGUEL, M. E. B. **A formação do professor e a organização do trabalho**. Curitiba: Ed. da UFPR, 1997.

MIRANDA, E. G. D. **A Lira de Orfeu nas narrativas tradicionais infantis**. 191 f. Dissertação (Mestrado em Letras) – Universidade Federal do Ceará, Fortaleza, 2002.

MIRANDA, J. **Rasqueado cuiabano**. 13 ago. 2013. Disponível em: <https://www.youtube.com/watch?v=tqu1cqTIZzk>. Acesso em: 2 jun. 2020.

MONTI, E. M. G. Canto orfeônico: Villa-Lobos e as representações sociais do trabalho na era Vargas. **Revista Teias**, Rio de Janeiro, n. 18, p. 79-90, jul./dez. 2008.

MORAES, M. C. M. de. Educação e política nos anos 30: a presença de Francisco Campos. **Revista Brasileira de Estudos Pedagógicos**, Brasília, n. 17-4, p. 291-321, maio/ago. 1992.

NAGLE, J. **Educação e sociedade na Primeira República**. São Paulo: EPU, 1974.

NIETZSCHE, F. W. **O nascimento da tragédia, ou Grécia e pessimismo**. São Paulo: Escala, 2007.

OLIVEIRA, A. de J. **Música na escola brasileira**: frequência de elementos musicais em canções vernáculas da Bahia utilizando análise manual e por computador – sugestões para aplicação na educação musical. Porto Alegre: ABEM, 2001.

ONETE, D. **Dona Onete – No meio do pitiú**. 11 jul. 2016. Disponível em: <https://www.youtube.com/watch?v=CkFpmCP-R04>. Acesso em: 2 jun. 2020.

PACOA, J. **Samba de roda**. 21 jan. 2013. Disponível em: <https://www.youtube.com/watch?v=p9h2rydFT_0>. Acesso em: 2 jun. 2020.

PAHLEN, K. **História universal da música**. Tradução de A. Della Niva. São Paulo: Melhoramentos, 1963.

PERNAMBUCO VOCÊ É MEU. **Clube das Pás Douradas no Recife antigo desfile do paço do frevo com a Orquestra das Pás**. 19 abr. 2018. Disponível em: <https://www.youtube.com/watch?v=W4DHsnNh1Xw>. Acesso em: 2 jun. 2020.

PHOTO AGÊNCIA. **Filhos da Terra – Maracatu rural – Nazaré da Mata/PE**. 17 maio 2018. Disponível em: <https://www.youtube.com/watch?v=mdoM0rdQHXk>. Acesso em: 2 jun. 2020.

PHOTO AGÊNCIA. **Filhos da Terra – Marujada – Bragança/PA**. 21 maio 2018. Disponível em: <https://www.youtube.com/watch?v=Ph0nXUBzFBo>. Acesso em: 2 jun. 2020.

PLATÃO. **República**. 2. ed. Tradução de Carlos Alberto Nunes. Belém: Edufpa, 1988.

PROSSER, E. S. **Cem anos de sociedade, arte e educação em Curitiba**: 1853-1953: da Escola de Belas Artes e Indústrias, de Mariano de Lima, à Universidade do Paraná e à Escola de Música e Belas Artes do Paraná. Curitiba: Ed. Assembleia Legislativa do Paraná, 2004.

QUINTÃO, D. **Seguindo o todo por toda terra**: uma fenomenologia do arcaico nos gregos. Rio de Janeiro: Daimon, 2007.

RAMOS, A. **Estudos de folclore**: definição e limites – teorias de interpretação. Rio de Janeiro: Casa do Estudante do Brasil, 1951.

RANGEL, L. H. V. **Festas juninas, festas de São João**: origens, tradições e história. São Paulo: Casa do editor, 2002.

REIS, D. **A. Ditadura e democracia no Brasil**: do golpe de 1964 à Constituição de 1988. Rio de Janeiro: Zahar, 2014.

REIS, I. dos. **Folias e folguedos do Brasil**: ciclo junino. São Paulo: Paulinas, 2010.

RIBEIRO, J. **O folclore**. Rio de Janeiro: Organizações Simões, 1969.

RIBEIRO, P. V. **Brincantes de Marabaixo do Amapá – Rosa branca açucena**. 10 jun. 2016. Disponível em: <https://www.youtube.com/watch?v=HJDmOVNWYRU>. Acesso em: 2 jun. 2020.

ROMERO, S. **Contos populares do Brasil**. Jundiaí: Cadernos do Mundo Inteiro, 2018.

SALERMO, S. **Viagem pelo Brasil em 52 histórias**. São Paulo: Companhia das Letrinhas, 2006.

SANTOS, B. de S. **Um discurso sobre as ciências**. 4. ed. São Paulo: Cortez, 2006.

SAVIANI, D. **História das ideias pedagógicas no Brasil**. Campinas: Autores Associados, 2008.

SCAPINO, F. **Jongo – Levanta Povo**. 27 mai. 2015. Disponível em: <https://www.youtube.com/watch?v=wvEjw1vvn68>. Acesso em: 2 jun. 2020.

SCHAFER, R. M. **O ouvido pensante**. Tradução de Marisa Trench Fonterrada. São Paulo: Edunesp, 1991.

SCHALK, C. F. **Lutero e a música**: paradigmas de louvor. São Leopoldo: Sinodal, 2006.

SCHILLING, K. **História das ideias sociais**: indivíduo – comunidade – sociedade. Tradução de Fausto Guimarães. Rio de Janeiro: Zahar, 1957.

SCRUTON, R. **Kant**. Lisboa: Don Quixote, 1983.

SILVA, D. de. Identidade afro-brasileira: abordagem do ensino da arte. **Revista Comunicação & Educação**, São Paulo, n. 10, p. 44-49, set./dez. 1997. Disponível em: <http://www.revistas.usp.br/comueduc/article/view/36321/39041>. Acesso em: 2 jun. 2020.

SILVA, F. P.; LACOMBE, A. J. **Villa-Lobos**. São Paulo: Três, 2001.

SINDIRECEITA. **Brincar de boi – O centenário dos bois-bumbá de Parintins/AM**. 6 set. 2013. Disponível em: <https://www.youtube.com/watch?v=nd17N_VD7L8>. Acesso em: 2 jun. 2020.

SOUTO MAIOR, M.; LOSSIO, R. **Dicionário de folclore para estudantes**. Recife: Fundação Joaquim Nabuco/Massangana, 2004.

SOUZA, J. O cotidiano como perspectiva para a aula de música: concepção didática e exemplos práticos. **Fundamentos da Educação Musical**, n. 3, p. 61-74, jun. 1996.

TINHORÃO, J. R. **História social da música popular brasileira**. São Paulo: Ed. 34, 2010.

TOCANDO IDEIAS. **Documentário "Maracatu Nação"**. 25 maio 2016. Disponível em: <https://www.youtube.com/watch?v=FDmbt6SCTvM>. Acesso em: 2 jun. 2020.

TRAVASSOS, E. **Modernismo e música brasileira**. Rio de Janeiro: Zahar, 2000.

UFMT CIÊNCIA. **It Ciência: Carnaval de raiz (Documentário)**. 24 mar. 2015. Disponível em: <https://www.youtube.com/watch?v=_9fBvvhfv_g>. Acesso em: 2 jun. 2020.

USP – Universidade de São Paulo. **II Programa Nacional de Direitos Humanos (PNDH) – 2002**. 2002. Disponível em: <http://www.direitoshumanos.usp.br/index.php/Direitos-Humanos-no-Brasil/ii-programa-nacional-de-direitos-humanos-pndh-2002.html>. Acesso em: 2 jun. 2020.

VIDAL, D. G. 80 anos do Manifesto dos Pioneiros da Educação Nova: questões para debate. **Revista Educação e Pesquisa**, São Paulo, v. 39, n. 3, p. 577-588, jul./set. 2013. Disponível em: <http://www.scielo.br/pdf/ep/v39n3/aop1177.pdf>. Acesso em: 18 fev. 2020.

VIEIRA, B. R. de L. **O folclórico e o político no teatro de Yeats**: estética romântica e nacionalismo em "The Countess Cathleen". 255 f. Dissertação (Mestrado em Letras) – Universidade Federal da Paraíba, João Pessoa, 2015.

VIOLA, MINHA VIOLA. **Dança da Chula, por CTG União e Tradição**. 2 jul. 2013. Disponível em: <https://www.youtube.com/watch?v=NaPeIAEBCpw>. Acesso em: 2 jun. 2020.

VOAVIOLA. **Araguaia presente de Deus – Catireiros do Araguaia**. 14 dez. 2010. Disponível em: <https://www.youtube.com/watch?v=S09RejvYeUQ>. Acesso em: 2 jun. 2020.

WILLEMS, E. **As bases psicológicas da educação musical**. Lisboa: Fundação Calouste Gulbenkian, 1970.

WISNIK, J. M. Getúlio da Paixão Cearense (Villa-Lobos e o Estado Novo). In: SQUEFF, E.; WISNIK, J. M. **O nacional e o popular na cultura brasileira**: música. São Paulo: Brasiliense, 2001. p. 129-191.

XIDIEH, O. E. **Narrativas pias populares**. São Paulo: Instituto de Estudos Brasileiros/USP, 1967.

ÁLBUNS COMENTADOS

ANDRADE, M. de. **Música do Brasil**. Curitiba: Guaíra, 1941.

Nessa obra, Mário de Andrade trata das origens da música brasileira e da sua transformação. Tendo por base a ideia de um processo civilizacional que também abarca o desenvolvimento da música, o autor defende que, no período de elaboração de seu livro – primeira metade do século XX –, a música brasileira deveria transcender as influências europeias para solidificar suas próprias concepções estéticas. Para justificar essa concepção musical e artística, Andrade apresenta aspectos históricos e políticos, assim como os fundamentos conceituais para o surgimento de uma música que represente genuinamente a cultura brasileira.

AYALA, M.; AYALA, M. I. N. **Cultura popular brasileira**. São Paulo: Ática, 2003.

Com esse livro, Marcos Ayala e Maria Ignez Novais Ayala apresentam os principais autores da cultura brasileira desde os primeiros textos sobre o assunto, ainda no século XIX. Refletindo sobre as concepções teóricas, as principais ideias, as fontes de influência e seus desdobramentos, os autores apresentam importantes elementos metodológicos que auxiliam as pesquisas em relação à cultura popular.

BERLIN, I. **As raízes do romantismo**. Tradução de Henry Hardy. São Paulo: Três Estrelas, 2015.

> Nesse trabalho, Isaiah Berlin expõe as principais correntes de pensamento que vieram a influenciar o movimento artístico que ficou conhecido como romantismo. Com reflexões profundas também sobre os contextos político e social ao longo da história, Berlin oferece uma fascinante gama de conceitos fundamentados em inúmeros autores clássicos do campo da filosofia. O autor aborda o pensamento clássico grego, passa pelas principais escolas filosóficas e aprofunda-se no movimento romântico. No fim, explica os desdobramentos deste na contemporaneidade.

BIASI, L. M. **Escola, folclore e cultura**: perspectivas políticas e pedagógicas. 125 f. Dissertação (Mestrado em Educação) – Fundação Universidade de Passo Fundo, Passo Fundo, 2008.

> Em sua dissertação de mestrado, Loreci Maria Biasi pesquisa as relações entre folclore e cultura a partir dos conhecimentos compartilhados por professores de ensino fundamental da cidade de Tapejara, no Estado do Rio Grande do Sul. Para isso, a autora contrapõe e relaciona ótimos autores que tratam de forma didática conceitos como os de tradição e cultura. Nesse trabalho, a principal referência teórica foi o sociólogo Florestan Fernandes.

BURKE, P. **Cultura popular na idade moderna**. Tradução de Denise Bootmann. São Paulo: Companhia das Letras, 1989.

> Nessa obra, Peter Burke parte da ideia de que a cultura popular tradicional entrou em declínio no século XVIII. Porém, a partir desse mesmo período, houve um maior interesse, por parte dos intelectuais europeus, em conhecer as características culturais das classes populares. Passando por temas como a descrição das estruturas da cultura popular e das suas transformações, assim como as problemáticas metodológicas para sua pesquisa, Burke busca mostrar as cisões culturais presentes nas sociedades, enfatizando as diferenças regionais das culturas populares.

CARPEAUX, O. M. **O livro de ouro da história da música**: da idade média ao século XX. Rio de Janeiro: Ediouro, 2001.

> Esse ensaio elaborado pelo austríaco naturalizado brasileiro Otto Maria Carpeaux traz de forma sucinta e didática uma visão da história da música erudita ocidental. Mesmo não sendo um trabalho historiográfico rigoroso, fundamentado em fontes primárias – como exige um livro de pesquisa histórica –, o autor oferece ótimas informações sobre os períodos musicais, os contextos sociais nos quais os compositores viveram e a sucessão de estilos musicais até o século XX.

CARVALHO, J. M. de C. **A formação das almas**: o imaginário da república no Brasil. São Paulo: Companhia das Letras, 1995.

> José Murilo de Carvalho descreve, nesse livro, os embates ocorridos no período de transição entre o Brasil imperial e o Brasil republicano. O autor expõe as tensões políticas envolvendo

a ideia de disseminação de novas concepções culturais para a população brasileira, fundamentadas em novos valores e símbolos.

CASCUDO, L. da C. **Contos tradicionais do Brasil**. São Paulo: Global, 2002.

Nessa obra, Luís da Câmara Cascudo apresenta não só uma grande quantidade de contos de diferentes regiões brasileiras, mas também a ideia de que o estudo do folclore ultrapassa questões sociais ou emocionais. O autor considera que o estudo do conto popular é o mais extenso quando tratamos de manifestações folclóricas, caracterizado por constituir-se de aspectos como antiguidade, anonimato, divulgação e persistência. Por todas essas características, Cascudo toma o conto como um verdadeiro documento, no qual estão presentes a história e as memórias populares. Por fim, o autor também busca categorizar os contos de acordo com sua estrutura narrativa.

CASCUDO, L. da C. **Dicionário do folclore brasileiro.** Belo Horizonte: Itatiaia, 1984.

Esse livro pode ser considerado um trabalho de síntese promovido por Luís da Câmara Cascudo. Nele, encontramos organizadas em ordem alfabética as mais diferentes formas de manifestação popular. Entre elas, podemos destacar os verbetes sobre contos, roupas, mitos, superstições etc., presentes no cotidiano de nossa população.

CASCUDO, L. da C. **Lendas brasileiras**. São Paulo: Global, 2002.

> As lendas são parte constituinte de diferentes culturas e, como não poderia ser diferente, também encontram seu espaço no universo popular e na literatura brasileira. Nesse livro, Cascudo apresenta uma seleção de lendas coletada diretamente da população e dos textos de ilustres escritores, exemplificando a riqueza de nossa cultura por meio da pesquisa de diferentes povos e regiões brasileiras.

FERNANDES, F. **O folclore em questão**. São Paulo: Hucitec, 1978.

> Nessa obra, Florestan Fernandes trata da investigação do folclore brasileiro em relação a sua estrutura e suas formas de transmissão. Essa concepção, inovadora para o momento em que foi lançada, proporcionou inúmeros debates com outros estudiosos da area do folclore, com Fernandes sempre buscando uma abordagem científica sobre o tema. Dessa forma, o autor proporciona uma visão crítica em relação à constituição da pesquisa sobre o folclore e, posteriormente, reflete sobre a disciplina dentro de um quadro sociológico, tratando de manifestações folclóricas paulistas.

FRADE, M. de C. N. **Folclore**. São Paulo: Global, 1991.

> Esse livro nos oferece importantes conceitos. A autora apresenta e aprofunda questões relativas às definições de folclore, também versando sobre como a disciplina constituiu-se historicamente. Frade ainda discute, de forma muito didática, temas como as distinções entre cultura erudita, cultura popular e cultura de massas, os processos de permanência das

manifestações folclóricas e a natureza dos meios de transmissão dessas atividades.

FREYRE, G. **Casa-grande e senzala**: formação da família brasileira sob o regime da economia patriarcal. São Paulo: Global, 2006.

> Nessa obra, por meio de elementos como as características arquitetônicas presentes no Brasil colonial, Gilberto Freyre trata da organização social brasileira com base no conceito de miscigenação. O autor relata as relações e opressões que caracterizaram a formação da sociedade patriarcal durante o período colonial brasileiro, tratando também de questões como o preconceito e o papel da mulher nesse contexto.

MEGALE, N. B. **Folclore brasileiro**. Petrópolis: Vozes, 1999.

> Nesse livro, a professora Nilza Botelho Megale reúne mais de 30 anos de estudos sobre o folclore brasileiro. Com intuito prioritariamente didático, a autora apresenta sua perspectiva sobre a disciplina, assim como reflexões sobre a necessidade de um resgate cultural e a valorização de nossas tradições. A ideia do livro baseia-se na apresentação de informações em relação ao folclore, promovendo sua divulgação de nossos acervos em espaços culturais.

ROMERO, S. **Contos populares do Brasil**. Jundiaí: Cadernos do Mundo Inteiro, 2018.

> Silvio Romero é um marco cultural brasileiro do período de transição entre os séculos XIX e XX. Entre as razões para tal posição está sua concepção sobre a cultura brasileira e a defesa e valorização do nacionalismo literário característico daquele período. Nesse livro, o autor apresenta uma grande quantidade de contos, divididos entre os de origem portuguesa, africana e nativa. Da relação entre essas três culturas, emana a ideia do Brasil como resultante de um processo de mestiçagem, defendido pelo autor ao longo de sua vida e obra.

TINHORÃO, J. R. **História social da música popular brasileira**. São Paulo: Ed. 34, 2010.

> O jornalista e crítico musical José Ramos Tinhorão estrutura seu livro sobre a ideia das relações entre os estilos musicais e os contextos sociais brasileiros. O autor trata das tensões sociais provenientes do processo de colonização e, posteriormente, da urbanização do Brasil. Depois, explica como esses fenômenos se desdobraram no campo musical. Por fim, Tinhorão promove uma crítica aos processos econômicos que acabaram exercendo grande influência sobre a música brasileira. Tais processos transformaram a música em mercadoria de consumo para as massas populares, acompanhando as grandes transformações econômicas brasileiras durante o século XX.

ANEXOS – PARTITURAS

Partitura A – A canoa virou

Partitura B – Batiza os cabocos

Partitura C – Boi da cara preta

Partitura D – Cai, cai, balão

Partitura E – Casa de farinha

Partitura F – Escravos de Jó

Partitura G – Marcha soldado

Partitura H – Meu cabelo

Partitura I – Sambalelê

Partitura J – Se essa rua fosse minha

RESPOSTAS

Capítulo 1

Teste de som

1. d
2. e
3. a
4. c
5. c

Capítulo 2

Teste de som

1. b
2. d
3. a
4. d
5. e

Capítulo 3

Teste de som

1. d
2. b
3. a
4. c
5. d

Capítulo 4

Teste de som

1. b
2. b
3. a
4. c
5. e

Capítulo 5

Teste de som

1. c
2. a
3. a
4. e
5. e

Capítulo 6

Teste de som

1. a
2. c
3. d
4. b
5. b

SOBRE O AUTOR

Tadeu Aparecido Malaquias é músico, educador musical e pesquisador. Trabalha com ensino de música em projetos educacionais em contextos de vulnerabilidade social. É licenciado em Música pela Escola de Música e Belas Artes do Paraná (Embap), mestre e doutorando em Educação pela Pontifícia Universidade do Paraná (PUCPR). Como músico, atuou em importantes orquestras brasileiras, como a Orquestra Sinfônica do Theatro Municipal do Rio de Janeiro, a Orquestra Sinfônica de Campinas e a Orquestra Sinfônica do Paraná, trabalhando sob a regência de maestros como Karl Martin, Stefan Geiger, John Neschling, Isaac Karabtchevsky, Hans Peter Frank, Victor Hugo Toro, Antoni Wit, Laszlo Marosi, entre outros. Atualmente é professor e coordenador da área de educação musical do Projeto Dorcas, localizado na cidade de Almirante Tamandaré-PR, além de professor e regente da Banda Municipal da cidade de Quatro Barras-PR.

Impressão:
Junho/2020